Volker Surmann
Kein Schweiß aufs Buch!

VOLKER SURMANN

Kein Schweiß aufs Buch!

SAUNAGESCHICHTEN

SATYR
VERLAG

Für Tuure

1. Auflage Oktober 2022

© Satyr Verlag Volker Surmann, Berlin 2022
www.satyr-verlag.de

Cover: Jussi Jääskeläinen, www.kobaia-design.com
Korrektorat: Jan Freunscht
Autorenfoto: Martin Herz
Druck und Bindung: CPI Books Clausen & Bosse, Leck
Printed in Germany

Dieses Buch wurde klimaneutral auf FSC-zertifiziertem Papier aus nachhaltigen Quellen gedruckt. Die Kaschierfolie des Umschlags ist kompostierbar.

Die Deutsche Nationalbibliothek verzeichnet diese Publikation in der Deutschen Nationalbibliografie; detaillierte bibliografische Daten sind im Internet abrufbar über: http://dnb.d-nb.de

Die Marke »Satyr Verlag« ist eingetragen auf den Verlagsgründer Peter Maassen.

ISBN: 978-3-947106-91-2

Inhalt

Vorwort

»In der Sauna hat man weniger ein Problem mit frem-
den Nackten als mit nackten Bekannten. Die einen
Körper vergisst man und die anderen nie mehr.«

— *Frank Sorge*

Liebe Leserin, lieber Leser!

Es sind ja unerwartete Rätsel, auf die man stößt, wenn man
ein Buch mit Saunageschichten schreibt. Zwei dieser Fragen
gebe ich gerne an Sie weiter:

Saunieren Sie eigentlich, oder *saunen* Sie lieber?

Und wo gehen Sie dieser Tätigkeit nach: in *Saunas* oder
Saunen? Sprich: Wie halten Sie's mit dem Plural? – Das ist
eine Frage, über die ich mich schon erbitterter gestritten habe
als über den korrekten Artikel von Nutella.

Aber keine Sorge, hier bleibt es friedlich. Denn befragen
wir den Duden, so werden wir feststellen: Die Saunakultur ist
auch sprachlich völlig entspannt, es ist alles erlaubt.

Saunieren oder saunen Sie in Saunas oder Saunen, ganz
wie Sie wollen; Sie können auch saunabaden in der Schwitzhütte; aber bewahren Sie bitte Ruhe – oder auch nicht. Denn
das Ruhegebot in der Sauna ist nicht so universell, wie man
denken könnte, und einen Sauna-Duden gibt es zum Glück
(noch) nicht.

Mit diesem Buch erfülle ich mir einen kleinen Traum. Denn mir fiel irgendwann auf, dass sich mit den Jahren durch meine Tätigkeit bei der Lesebühne »Brauseboys«, für die ich fast wöchentlich neue Beiträge verfasse, durch Satiren für die Tageszeitung *taz* und Kolumnen für *Neues Deutschland* eine Reihe von Texten über Saunabesuche angesammelt hatte. Was auch kein Zufall ist, denn ich gehe sehr regelmäßig in die Sauna. Schreibtischtätern wie mir rettet das den Rücken, und ich kriege den Kopf angenehm frei. Und wenn das Hirn bei 90 Grad Lufttemperatur richtig schön rebootet, leistet es oft Erstaunliches. In der Sauna kamen mir schon einige meiner besten Ideen, manchmal reizt der Saunabesuch aber auch einfach zum Mitschreiben.

Das ist eine Berufskrankheit von Schreibenden. Man *muss* das tun. Glauben Sie keinem Autor, keiner Schriftstellerin, der oder die von sich behauptet: »Ich beobachte gerne Menschen.« Das ist meistens gelogen. In 90 Prozent der Fälle fallen einem diese Menschen einfach auf, und man kann bloß nicht wegschauen. Sehr oft drängeln sich diese Personen auch mutwillig in die eigene Wahrnehmung hinein, und die war vom letzten Saunagang doch gerade so schön leergepustet. Prompt steht man an seinem Spind und füllt Notizzettel oder -app mit Stichworten, aus denen dann wieder eine neue Saunageschichte wird.

Dieses Büchlein versammelt die so entstandenen Texte. Beim Zusammenstellen war mir aber klar, dass ich es nicht allein vollschreiben wollte, denn man ist in der Sauna ja selten allein, und es gibt ja noch weitere Perspektiven als nur die meinige. Ich freue mich, dass ich ein paar befreundete Kolleginnen und Kollegen gewinnen konnte, Gastgeschichten zu diesem Buch beizusteuern, und dass einige Cartoonistinnen und Cartoonisten mir ihre heißesten Saunacartoons zur Verfügung gestellt haben. Ihnen allen danke ich von Herzen!

Tatsächlich scheint es nämlich so zu sein: Wer als kreativer Kopf in die Sauna geht, schreibt oder zeichnet früher oder später darüber. Wieso ist das so?

Ich denke, nach der Lektüre dieses Büchleins könnten Sie ein Gespür dafür haben. Nur so viel: In Deutschland ist die Sauna ein sehr durchritualisierter Mikrokosmos – wer als Humorfachkraft in diesen hineintritt, findet sein Fressen.

26 Millionen Deutsche gehen regelmäßig oder zumindest ab und zu in die Sauna. Das ist eine stattliche Zahl. Sie und ich gehören dazu. Wenn ich also Glück habe, halten Sie gerade eins von 26 Millionen Exemplaren dieses Buches in der Hand. Nimm das, Dirk Rossmann, Salz-Aufguss schlägt Oktopus! – Na ja, man wird ja noch träumen dürfen.

Das ist ja das Schöne am Saunieren, man kann einfach mal die Gedanken schweifen lassen. Sie dürfen nur nicht aufs Holz tropfen.

Okay, in letzter Konsequenz ist auch dieses Buch aus Holz, aber der Buchtitel gilt nur für unbezahlte Neuware. Nehmen Sie Ihr persönliches Exemplar ruhig mit in die Sauna, es ist ja schon bezahlt, aber wundern Sie sich nicht, wenn Ihnen jemand während der Lektüre »Pssst!« zuzischt.

Viel Spaß beim Lesen!

Volker Surmann
Berlin, August 2022

Finnische Sauna

Seit ein paar Jahren verbringe ich, wenn keine größere Party ansteht, meinen Geburtstag gern in Wellnesseinrichtungen und lass es mir mit einem Freund ein paar Stunden lang gut gehen. Statt ins Brandenburgische rauszufahren, besuchen wir diesmal in Berlin-Moabit ein sogenanntes »Spa«. Das kommt mir verdächtig vor. Ich war noch nie in einem Spa. Spa, dachte ich immer, das ist was, wo reiche Oligarchengattinnen in Botox baden und sich gegenseitig ihre Silikonimplantate vorführen. Sonst waren wir immer in Thermen. Warmes Wasser und warme Luft. Gibt's hier auch, nur zum doppelten Preis. Ich googele, was »Spa« eigentlich heißt. Aha, es kommt vom belgischen Heilbad Spa, das seit dem 16. Jahrhundert gern von britischen Adeligen besucht wurde. Auf die Weise wurde das Wort erst zum Ausdruck für Heilquellen und dann, vor ein paar Jahrzehnten, für Wellnesseinrichtungen generell. Wenn in Großbritannien einem Ortsnamen »Spa« nachgestellt wird, ist es ein Kurort. Ich bin beruhigt: Ich verbringe meinen Geburtstag also nicht in einem versnobten Wellness Venue, sondern in Bad Moabit. Das klingt doch viel bodenständiger und, seien wir ehrlich, auch altersgemäßer.

Mitgekommen ist noch Tuure, mein innerer Finne. Er begleitet mich, weil ich kurz zuvor aus einem Kurzurlaub in

Finnland zurückgekommen bin. Im September. Das ist der finnische November. Ich habe sehr viel Zeit in Saunen verbracht.

An der Kasse werden wir gefragt, ob wir Garderobenschränke mit Videoüberwachung wünschen.

»Wie bitte?« – Na, es gebe Gäste, die halt Wertgegenstände dabeihätten.

»Nehmt ihr Deutschen etwa Omas Familienschmuck mit in die Sauna?«, fragt Tuure.

»Mein Fahrradhelm war jetzt nicht so teuer«, sage ich der Frau am Counter.

Dass ich hier mit einer Anfahrt per Rad zur Minderheit gehöre, war mir schon klar, als ich auf dem Parkplatz an all den schwarzen SUV vorbeiradelte. Deren Schlüssel sollte man tatsächlich gut wegschließen. Allein, damit nicht Linksgrünversiffte wie ich den Schrank aufbrechen und die Karossen versehentlich in die Spree lenken. Aber die Rolex und das Samsung Galaxy Flip 4 Fold in Sterlingsilber müssen ja auch gut verstaut werden.

»Wenn ich mir manche Frauen hier angucke, sollten die eher ihre Lippen wegschließen. Die waren auch teuer«, sagt Tuure, und wir fragen, ob die Wertgegenstände, wenn wir sie hier einschlössen, auch verzinst werden.

Verdammt, ich bin *doch* in einem versnobten Wellness Venue gelandet. Schon bald stellen wir uns eine Bundestagswahl vor. Die FDP siegt vor CDU und Grünen, der Rest der etablierten Parteien scheitert an der Fünfprozenthürde, sechs Prozent würden Patchouli wählen. Bundeskanzler Christian Lindner könnte also mit CDU und Patchouli eine stabile Koalition bilden, die stark nach Siebzigerjahre riecht.

Tatsächlich riecht es überall so penetrant nach Räucher-stäbchen wie in einer WG von Yoga-Studierenden, denn das Bad ist voll auf Südostasiatisch getrimmt, da haben Batterien von Holzfräsmaschinen ganze Arbeit geleistet. Die gesamte Anlage: a nightmare for wokeness. People of PC würden es sofort wegen cultural appropriation sprengen.

»Wieso Bali?«, fragt Tuure fassungslos. »Das ist in den *Tropen*! Niemand braucht auf Bali eine Sauna! Wer hat's erfunden?!« Tuure wäre bei der Sprengung wohl dabei.

Die erste halbe Stunde nach dem Umziehen verlaufen wir uns nur auf dem Gelände zwischen Pools, Saunen und hektargroßen Liegeflächen und Ruheräumen. Wenn man sich dran gewöhnt hat, ist es eigentlich doch ganz hübsch hier, finde ich, nur Tuure ist überfordert. Letzte Woche noch waren wir in Helsinki gemeinsam in einer Sauna. »Das *Löyly* ist die neuste, größte und angesagteste Sauna der Hauptstadt. Total fancy!«, hatte er geschwärmt.

Wir waren drin, und ich lief dauernd gegen Wände, weil der Laden so klein war.

»Wo ist der Ruheraum?«, fragte ich.

»Was willst du mit Ruheraum?«, fragte Tuure. »Es ist eine *Sauna*!«

»Na ja, ausruhen zwischen den Saunagängen, in einem Liegestuhl unter einer kuscheligen Decke sitzen, ein gutes Buch lesen und an einer Fruchtschorle nippen«, erklärte ich dem Finnen, wie man sauniert.

»Gibt hier keine Fruchtschorle«, erklärte Tuure. »In der Sauna trinkt man Bier.«

Und wenn Tuure »in der Sauna« sagt, dann meint er auch *in* der Sauna.

»Aber nett, dass man zum Handtuch noch einen Waschlappen dazukriegt«, sagte ich.

»Das ist kein Waschlappen«, sagte Tuure. »Das ist das Unterlegtuch.«

Ich schaute auf den gerade mal popogroßen Lappen. Ein Aufnehmer war größer.

»Aber dafür hab ich doch das Handtuch.«

»Was willst du mit einem Handtuch in der Sauna, das wird doch nass!«, entgegnete Tuure.

Er fand die Lappen cool, sonst gäbe es nämlich nur Papiertücher, die man sich wie Küchenkrepp von einer Rolle und später beim Aufstehen vom Po zieht.

»Und wenn man sich hinlegen will?«

»Wieso willst du dich hinlegen in der Sauna? Willst du schlafen?« Tuure kicherte. »In der Sauna sitzt man, sonst kann man ja kein Bier trinken.«

Ich gab auf. Finnen – waren die nicht im Zuge der Völkerwanderung aus Werweißwo gekommen? Das waren ja im Grunde immer noch Barbaren, halt eine völlig andere Kultur.

Bald stehen wir vor einer großen Tafel, die darüber informiert, wann in welcher der zig Saunen was aufgegossen wird. Wir denken, man sollte das besser wie am BER darstellen, auf Monitoren und mit Pfeilen, wie viele Minuten man in welche Richtung laufen muss. Tuure lacht sich tot. Ich erkläre ihm, dass man in deutschen Saunen zu bestimmten Uhrzeiten Aufgüsse durch Fachpersonal erhält.

»Aber woher weiß das Fachpersonal, wie viel Dampf *ich* will?«

»Das weiß es natürlich nicht. Wenn du weniger Dampf willst, musst du dich nach unten setzen oder rausgehen.«

Tuure schüttelt den Kopf: »In Finnland bist du selbst das Fachpersonal! Du gießt selber auf.«

»Und wenn es jemandem zu viel wird?«

»Dann sagst du das.«

»Aber ihr Finnen redet doch nicht.«

»Außer in der Sauna. Da reden wir viel.«

Ja, ich erinnere mich. Der lauteste Ort mit dem meisten Geschnatter und Geplapper, den ich in Finnland besucht habe, war die besagte Sauna *Löyly* in Helsinki.

»In deutschen Saunen redet man nicht.«

»Aber wie soll man dann anderen sagen, dass sie mehr oder weniger aufgießen sollen?«, fragt Tuure.

»Gar nicht. Deshalb macht das ja der Saunameister.«

»Das ist so deutsch«, japst Tuure. »Selbst in der Sauna braucht ihr einen Führer!«

Ich gucke pikiert, was Tuure nur noch weiter anstachelt.

»Muss man eine Nummer ziehen?«, fragt Tuure. »Gibt es Platzanweiser?«, fragt Tuure. »Gibt es Stechuhren und Passierscheine?«

»Nein!«, rufe ich. »Nix von alldem! Es gibt lediglich Sanduhren, die einem anzeigen, wann 15 Minuten rum sind.«

»Weil ihr ohne Sanduhr ...« Tuures Augen weiten sich entgeistert: »Weil ihr Deutschen ohne eine Sanduhr nicht wisst, wann ihr schwitzt?« Er kichert hysterisch.

Endlich haben wir tatsächlich eine Sauna gefunden. Tuure hängt sein Handtuch an einen Haken und will ebenfalls rein. Ich halte ihn am Bund seiner Badeshorts zurück.

»Andersrum«, sage ich. »Shorts an den Haken, Handtuch mit rein.«

»Ihr spinnt, ihr Deutschen«, schimpft Tuure. »Ja, ich weiß:

Ihr Deutschen wart immer nackt, ihr hattet ja nix. Aber Finnland ist ein reiches Land, bei uns kostet ein Bier 7 Euro. Ich kann mir eine Badehose *leisten*!«

Dabei ist Tuure gar nicht prüde, wie ich aus dem Urlaub weiß. In die Männersauna, und in Finnland sind viele Saunen geschlechtergetrennt, geht er durchaus auch nackt, jedenfalls, wenn niemand sonst in der Nähe ist.

Ein paar Minuten später: Tuure sitzt neben mir in einer tropfenden Badeshorts ohne Handtuch auf dem Holz, mit einem Bier in der einen und seinem Handy in der anderen Hand. Wenn er sie nicht vergessen hätte, stünde neben ihm noch eine Boombox, aus der Heavy Metal dröhnen würde. *Metållica*. Keine Band klingt schöner mit finnischem Akzent.

Da er nur mein innerer Finne ist, können ihn die anderen nicht sehen und hören. Der Saunameister würde ohnehin Schnappatmung kriegen, wenn nicht zuvor ein nackter Mob entrüsteter Wutsaunierer Tuure im Tauchbecken final exorzierte.

»Was steht da?«, fragt Tuure und zeigt auf ein Schild in der Sauna.

»Das sind die zwei Gebote«, seufze ich. Ich weiß, was jetzt kommt: Ich werde sie ihm übersetzen, und er wird gucken, als hätten gerade zwei Zeugen Jehovas an der Saunatür geklopft.

»In der Sauna bitte Ruhe«, lese ich vor. Und: »Kein Schweiß aufs Holz.«

Tuure schaut auf das Schild mit der verwirrten Verständnislosigkeit, mit der ich immer auf das altmodische Wählscheibentelefon meiner Großtante geguckt habe, dem sie ein gehäkeltes Leibchen übergezogen hatte, damit es sich nicht erkältet im Flur.

»Wieso kein Schweiß aufs Holz? Wo soll der Schweiß denn sonst hin? Ins Handtuch etwa?«

»Psssst, bitte Ruhe!«, zischt mich eine Frau an. Obwohl ich mit Tuure nur in meinem Kopf spreche, war selbst das zu laut.

Immer mehr Menschen betreten die Sauna. Außer Atmen und knarzendem Holz hört man nichts. Tuure wird immer nöliger: »Was soll das werden? Hier ist ja 'ne Stimmung wie in der Friedhofskapelle kurz vor 'ner Beerdigung! Kommt gleich der Pastor?«

»Nein«, sage ich. »Es kommt gleich ein Aufguss.«

»Was für'n Aufguss?«

»Rosenholz«, sage ich, und Tuure übergibt sich auf den Saunaofen. Dann steht er wütend auf: »Schluss jetzt! Sofort aufhören! Ihr verstoßt hier alle gegen UN-Völkerrecht! Denn seit dem 17. Dezember 2020 ist die finnische Saunakultur immaterielles Weltkulturerbe der UNESCO«, ruft Tuure und rülpst, weil er sein Bier zu schnell getrunken hat. »Die *finnische* Saunakultur, nicht die deutsche! *Wir* haben das Copyright, und *ihr* habt keine Ahnung! Wisst ihr Deutschen eigentlich, warum ihr überhaupt sauniert? Ich sag's euch! Weil finnische Olympiateilnehmer 1936 um eine kleine Sauna in Berlin gebeten hatten und ihr Deutschen das total töfte fandet. Und wisst ihr, wer die ersten Saunen in Deutschland betrieben hat?«

Ich schüttle den Kopf. »Finnische Olympiateilnehmer?«

»Nein. Ehemalige Wehrmachtssoldaten der Ostfront. Die in russischen Banjas gesessen haben, nachdem sie zuvor die Eigentümer erschossen hatten. Oder mit uns in Finnland sauniert haben, als wir noch mit euch verbündet waren! Und als wir die Seiten gewechselt haben, habt ihr die Sauna einfach behalten. *DAS* nenne ich mal cultural appropriation! Sauna ist Raubkunst! Gebt uns Finnen unsere Sauna zurück!«, skandiert er. »Oder lasst mich zumindest mit einem Bier hier rein. Ich habe das Recht dazu, *kippis*!«

Damit rennt Tuure raus. Kurz danach geht die erste Bombe hoch.

Es gibt Eis, Baby!

In den ersten Tagen des ersten Corona-Lockdowns: Meine Stammsauna hat noch geöffnet. Sollte ich noch einmal hingehen? Es sind die Tage des Abwägens: Stärke ich meine Abwehrkräfte mehr, als mich meine Mitsaunierenden gefährden?

Aber siehe da: Es gibt kaum Mitsaunierende. Eine Win-win-Situation, zumindest für mich, für die Sauna wohl eher nicht. Der Betrieb läuft aber ganz normal, und es gelingt mir mühelos, alle Social-Distancing-Regeln bequem einzuhalten, weil sich nur knapp 15 Personen in den Räumen aufhalten. Ich merke, dass ein Bademantel die perfekten Ärmel hat, um Türen ohne Hautkontakt zu öffnen. Überlege, zukünftig die U-Bahn nur noch im Bademantel zu benutzen. Stelle mir das sehr lustig vor. Vor allem, wenn das Robert-Koch-Institut die Empfehlung übernähme.

Selbst beim Aufguss sitzen nur acht Leute schön verteilt mit eineinhalb Metern Mindestabstand zueinander, wo sonst bis zu dreißig erhitzte Körper Schweißschicht an Schweißschicht kleben. Bei 90 Grad fühle ich mich sicher. Denn mehr als 26 Grad hält das Virus nicht aus. Hat Herr Drosten gesagt. Oder Herr Kekulé. Oder Facebook.

Nur eins verstehe ich nicht. Habe ich generell nie verstanden und verstehe ich in Zeiten von Corona erst recht nicht: Was treibt Menschen dazu, sich Eiswürfel aus einem Eimer, in den zuvor ein Dutzend Leute mit verschwitzten Fingern reingegrapscht hat, in den Mund zu schieben? Hallo!? Draußen macht ihr die U-Bahn-Tür mit dem Ellenbogen auf, und hier lutscht ihr Infekt am Stil?! Dann könntet ihr in der Bahn auch gleich die Haltestangen abschlecken!

Ich male mir folgende Restaurantszene aus: Du siehst den Kellner mit dem großen Teller dampfender Tagliatelle auf dich zulaufen, und an jedem Tisch, den er passiert, tauchen alle Gäste einmal ihre Flossen in deine Gorgonzolasoße. Dann stellt er den Teller vor dir ab, du fummelst noch einen Splitter Nagellack aus den Nudeln und sagst dann: »Lecker! Yummy yummy!«

Okay. Ich spreche als gebranntes Kind. Ich habe das auch mal gedankenlos gemacht und mir auf die Weise eine üble Mundhöhleninfektion geholt. Es fing noch am Abend an mit leichtem Kribbeln, doch schon kurze Zeit später war meine Zunge ein blutiges Stück Fleisch, das erinnerte an ein rohes Steak, das einer Horde aggressionsgestörter Jugendlicher in Corona-Quarantäne zum therapeutischen Klopfen überantwortet wurde. Meine Ärztin zuckte nur mit den Schultern und sagte: »Ach, irgend'n Virus, weiß man nicht. Abwarten«, und ich ernährte mich zehn Tage von pürierter Suppe. Pürierte Suppe, das ist schlimmer als Weltraumnahrung. Das ist in etwa das, was sie einem durch Magensonden einpumpen.

Der Mann auf der obersten Saunabank, rund eineinhalb Meter schräg über mir, schiebt sich gleich zwei Eiswürfel ins Maul und schnaubt bei jedem heißen Luftstoß wie ein Wallach kurz vorm Gnadenschuss. Jedes Mal staubt dabei eine sanfte Wolke feinen Nieselregens auf mich herab. Es gibt Eis, Baby! – Ich halte die Luft an, seife mich unter der Dusche anschließend intensiv ab und sehne mich nach der Zeit zurück, wo man von Eis nur Salmonellen bekam.

Heiß wie die Wüste Dascht-e Lut

Gastbeitrag
von Ella Carina Werner

Es gibt Orte, die ich in Zeiten der Corona-Kontaktbeschränkungen schmerzlich vermisste. Orte der Begegnung, der intensiven Interaktion. Rede trifft auf Gegenrede, der Mensch als *Zoon politikon*. Ich spreche natürlich von der öffentlichen Sauna.

Wo sonst gibt es dieses gemütliche Steinzeitgefühl: Dutzende nackte Leiber in einem winzigen, lichtlosen Raum, eine Urhorde in ihrer dunklen Höhle, um bei 100 Grad Lufttemperatur zu einem einzigen Korpus zu verschmelzen, bis der Wasserdampf zwischen den Wänden wabert und das ein oder andere Gemeinschaftsgefühl.

Je nach Lage, Größe und Bevölkerungszusammensetzung sind die Saunaanlagen natürlich grundverschieden. In manchen wird sorglos und sichtbar an den Geschlechtsteilen gekratzt, das sind die Akademikerviertel. In anderen werden Kräuterschnaps und Korn in Trinkflaschen hineingeschmuggelt, das sind die Rentnerquartiere. In wieder anderen wird viel und stimmgewaltig geplaudert, das ist der große Rest.

Es heißt, eine Sauna biete Ruhe und Entspannung, aber das ist nicht wahr. Wer Ruhe und Entspannung sucht, lege sich daheim mit einem einschläfernden Crime-Podcast in die Badewanne. In der Sauna kommt man zusammen, um zu schnattern und zu klönen, zu singen und mit Knabbertüten zu rascheln wie einst im Barocktheater. Jeder quasselt mit jedem, und noch draußen im Kältebecken wird das Für und Wider einer möglichen Marsbesiedelung erörtert. Ab und an wird die Ruhe vielleicht im gediegenen Hamburger Norden eingehalten, aber hier im Süden der Stadt, unter den Abgehängten, Menschen mit No-Name-Badelatschen und Ärzten ohne Doktortitel, wird das niemals geschehen.

Nie werde ich meinen letzten Saunabesuch vorm ersten Lockdown im März 2020 vergessen:

Voller Vorfreude betrat ich die Saunalandschaft, bestehend aus sieben Schwitzbuden, mit Espenholz und öffentlichen Geldern üppig ausstaffiert. So viele Hütten, da hat man die Qual der Wahl. Es ist wie in den Neunzigerjahren beim Zappen durch die TV-Kanäle: Man schaut hier und dort hinein und lauscht, um was es gerade geht.

In der Kräutersauna wurde der Bau der neuen Küstenautobahn erörtert. Ein Gespräch, so knacktrocken wie die Luft. Schleppende Stimmen referierten verkehrstechnische Details. Dafür hatte ich die 16,50 Euro Eintritt nicht bezahlt. Ich probierte es woanders. In der Kaminsauna wurde gerade ein Todfeind ausgemacht: Graffiti-Sprayer. Doch da es keine Graffiti-Befürworter gab, tröpfelte auch diese Diskussion eher spannungsarm dahin.

Erst in der Königsklasse, der finnischen Sauna, war richtig etwas los, das hörte man bereits von außen. Zwei Dutzend erregte Gemüter hockten Schulter an Schulter und lieferten sich ein ohrenbetäubendes Wortgefecht zum Reizthema Frank-Walter Steinmeier.

Eine stark transpirierende Frau um die fünfzig mit nussbraunen Locken, die Hände in die Hüften gestemmt, ließ gerade verlauten, Frank-Walter Steinmeier sei der größte Hundsfott, der ihr je im Leben untergekommen sei, und würde er ihr je vor die Flinte kommen, würde sie sofort abdrücken.

Das klang spannend. Ich schloss die Tür hinter mir und suchte mir einen schattigen Platz in der Ecke, während die Rednerin einen Monolog vom Stapel ließ, aus dem ich heraushörte, dieser Scharlatan unterstütze nicht nur Linksradikale, sondern auch das iranische Regime.

Von der gegenüberliegenden Bankreihe Laute des Protests. Mehrere rot geäderte Augäpfel quollen der Braunhaarigen erbost entgegen. Gern hätte ich den Anfang des Gespräches mitbekommen, den einen Urknall der Eskalation. Ich beugte mich zu meiner Sitznachbarin, einer hageren Schwarzgelockten, die aufrecht, leicht weltentrückt neben mir thronte wie diese Sozialistinnen im französischen Parlament. Natürlich kannte ich sie vom Sehen. Ich kenne fast alle hier vom Sehen, nur Namen kenne ich nicht. Man weiß nicht viel voneinander, außer die Anordnung der Narben und Leberflecke und wer bei wie viel Grad kollabiert. Ich fragte die Schwarzgelockte, ob sie mir den Gesprächsanfang paraphrasieren könne, doch sie bedeutete mir mit einem vernichtenden Blick zu schweigen.

Kurz, Frank-Walter Steinmeier, schloss die Braunhaarige ihren Redebeitrag, sei nichts als ein brutaler, machtgeiler Arschmonarch, und nebenbei ein Saufbruder vor dem Herrn, so wie er in den Weihnachtsansprachen immer gucke. Ein paar Köpfe nickten. Ein bärtiger Mann applaudierte auf einem Handtuch mit Coke-Schriftzug, was ich lesen konnte, weil seine Pobacken vor Aufregung hin und her rutschten. Es ist ja immer schwierig, Menschen ohne Bekleidung angemessen zu beschreiben, wenn man nicht auf körperliche Bizarrerien ausweichen möchte, von denen es hier wie überall reichlich gab, und wie sehr juckt es mich in den Fingern.

Ich betrachtete einen älteren, weißhaarigen Mann, dessen buschige Augenbrauen schon seit einiger Zeit bedrohlich zuckten. Vermutlich ein Katholik, weil er sich vorm Sprung ins Kältebecken immer bekreuzigte. Jetzt aber reckte er in die höheren, heißeren Luftschichten plötzlich eine Faust. »Teufel noch eins, nun lassen Sie doch diesen guten Mann in Ruhe!« Dabei starrte er die Braunhaarige von der gegenüberliegenden Bankseite finster an. Auge um Auge. Es ist ein Saunahäuschen, in dem die Bänke einander zugewandt in den Raum gezimmert sind, genau wie im britischen Unterhaus. Eine Architektur, die sich hier wie dort belebend auf die Gesprächsatmosphäre niederschlägt.

Frank-Walter Steinmeier tue niemandem etwas Böses, fuhr der Weißhaarige fort, während seine Hände vor seiner Brust herumgestikulierten, als rücke er einen imaginären Hemdkragen zurecht. Dieser Mann sei mit Fleiß, Arbeitseifer und Rechtschaffenheit nach ganz oben gekommen. Dr. Frank-Walter Steinmeier sei unser aller Regent, der erste Mann im Staate, wobei seine Stimme einen zärtlichen Klang annahm, ja der Dreh- und Angelpunkt unserer Demokratie. Ein Mann voller »Staatsklugheit«, und ich wusste nicht mal, was das war. Dieser Mann sei das größte, wunderbarste Staatsoberhaupt, das dieses Land je gesehen habe, außer Otto von Bismarck. Außerdem sei Staatsoberhaupt nun mal Staatsoberhaupt und müsse respektiert werden. Dass man über diesen feinen Kerl in einem so despektierlichen Ton herziehe, fände er »schlimm«, ja »traurig«.

Die Braunhaarige lachte auf und nannte ihren Widerpart »obrigkeitshörig«. Eine andere Frau mit Hitzeflecken an den

Oberarmen hob einen Zeigefinger und wollte wissen, wer dieser Bismarck noch mal war, aber wurde niedergemäht von Pschschscht-Gezischel und Äußerungen der Empörung, ehe die Braunhaarige erneut loszeterte und zwei Vasallen sie wortreich unterstützten.

Die Situation war angespannt. Die Stimmen wurden schriller. Hier »Höllenhund« und »Schweinepriester«, dort »Lichtgestalt« und »Streiter für unsere Grundwerte«.

Sämtliche Gesichter waren inzwischen krebsrot, ob wegen der Meinungsverschiedenheit oder der sagenhaften 107 Grad, auf die das Thermometer mittlerweile hochgekraxelt war, war nicht mehr auszumachen. Jetzt argumentierten alle wirr durcheinander wie in dieser lustigen Clubhouse-App. Jetzt galt es, sich zu positionieren. Hier gab es kein Raushalten, das hier ging uns alle an, das war zu spüren.

Ich versuchte, mir eine Antwort zurechtzulegen, falls mich jemand um eine Stellungnahme bat, doch vergebens. Zu keinem Thema habe ich so wenig eine Meinung wie zu Frank-Walter Steinmeier.

Als Schwiegervater würde ich ihn wohl akzeptieren, als örtlichen Busfahrer in mein Herz schließen. Ich sah die zartblauen Augen vor mir, die vollen runden Wangen, das lausbubenhafte Lächeln. Gut, da war mal irgendwas mit einem Murat Kurnaz gewesen, und auch bei der Gründung der Agenda 2010 hatte er seine Finger im Spiel, aber sonst mag ich Frank-Walter Steinmeier eigentlich ganz gern, denn ich mag jeden, der höflich und wohlerzogen ist und Kurt Beck aus dem Amt gejagt hat.

Dass er hier und jetzt so viele Emotionen auslöste, ja die Volksgemüter derart erhitzte, hätte Frank-Walter Steinmeier wohl selber am meisten überrascht. »Was, ich? Nein, so was!«, hätte er in sich hineingeschmunzelt. Noch am späten Abend hätte er dagesessen und über die Situation noch eine Weile sinniert. »Ich, wirklich? Ein *Hundsfott?*«, hätte er vor sich hin gegluckert. »Ja, ist das denn die Möglichkeit?« In seiner Sitzsauna mit Elektroantrieb, gezimmert in die Waschküche des Schlosses Bellevue. Natürlich sauniert Steinmeier immer allein, um am Ende heimlich und gegen alle Saunaregeln nicht kalt, sondern herrlich handwarm zu duschen.

Ich hingegen würde niemals alleine saunieren. Ich brauche die Stimmen, die Lautstärke, die Dampfplauderer und Powertalker.

Was habe ich sie alle in den Zeiten der Kontaktbeschränkungen vermisst! Einmal saß mir in der S-Bahn diese hagere Schwarzgelockte gegenüber, aber sie schien mich mit Hose und Mundschutz nicht zu erkennen. »Hallo, ich bin's, die mit der krummen Kaiserschnittnarbe und den eingewachsenen Zehennägeln«, sagte ich, denn die eigenen Bizarrerien darf man ruhig benennen. Aber dann war es doch eine andere Frau.

Saunamänner

»Ich muss dringend noch 'ne Wohnung kaufen«, sagt der Mann in der Sauna.

»Wohnung oder Haus?«, fragt der Mann neben dem Mann in der Sauna.

»Eigentlich egal«, sagt der Mann in der Sauna. »Hauptsache, irgendwas als Abschreibungsobjekt, ich zahl einfach viel zu viel Steuern. Geht zwar nicht direkt, aber mit etwas Tricksen ...«

Ich weiß nicht, warum, aber irgendwas macht, dass Menschen in der Sauna mit einer Offenheit plaudern, als gäbe es kein Morgen mehr – oder keine Mitsaunierenden. Vielleicht liegt es an der Nacktheit: Man hat schon alle Hüllen fallen lassen, zeigt sich völlig entblößt, und man kann alles sehen: alle Falten, jedes Haar an passender oder unpassender Stelle, dieses schwarzbraune Muttermal in der Form Zyperns neben dem Bauchnabel, jede Narbe, ob rasiert oder nicht rasiert, klein oder groß, bevorhäutet oder nacktmullig, alle Piercings, alle Tattoos, auch die peinlichen ersten. Ein anderer Typ in der Sauna hat zum Beispiel ein Tattoo auf dem Beckenknochen; dort steht: »Nicht vom Beckenrand springen«. Das gefällt mir. Außerdem gefällt mir, dass er gerade genauso genervt ist von den beiden finanziellen Großkotzen wie ich. Aber die denken anscheinend: Wenn die körperliche Intimität schon aufgehoben ist, kann man auch geistig alles raustropfen lassen.

»Wohnung kaufen, würd' ich auch gern«, sagt der andere Saunamann jetzt wieder, »aber ich soll ja jetzt Rudis neuen Film finanzieren. Dem fehlen noch dreihunderttausend.«

Oder es liegt an der Hitze. Dass bei 90 Grad manche Schmelzsicherungen im Hirn einfach durchbrennen und neben ranzigem Schweiß aus den Poren jede Menge müffelnde Wahrheit aus den Mündern quillt. Jedenfalls hab ich in der Sauna schon sexuelle Intimitäten, kolportierte Seitensprünge, pikante Geständnisse und Geschäftsgeheimnisse aufgeschnappt, da sind Handytelefonate in der Deutschen Bahn nichts gegen, und selbst da erfährt man ja schon so einiges: »Ja, hallo, Frau Böge, hallo? Ja, ich war wohl gerade in einem Funkloch ... also noch mal: Die Klageschrift wegen sexueller Belästigung am Arbeitsplatz geht an Simon Peters ... Simon wie Simon und dann Peter Emil Theodor Emil Richard und S wie Siegfried. ... Nein, das sind nicht die Vornamen, Frau Böge ... Bommerlunder Straße 18, 58089 Hagen ... Hallo? Sind Sie noch da, Frau Böge? ... Hallo, ja gut ... Haben Sie? ... Sehr gut. Und schreiben Sie bitte ›vertraulich‹ auf die Akte, muss ja nicht jeder wissen, was er mit der Kleinen gemacht hat.«

Inzwischen glaube ich, Schilder der Art »In der Sauna bitte Ruhe!« sind gar keine Ausgeburt deutschen Spießertums, es sind *Warnhinweise.* »Sagen Sie nichts, was Sie später bereuen könnten.« Neben jedem »Kein Schweiß aufs Holz!«-Schild sollte eins hängen mit: »Kein Wort über die Lippen!«

Ich glaube, wenn man in Deutschland mal eine wirklich aufrichtige, interessante Talkshow zeigen wollte, sollte man sie in einer finnischen Sauna drehen. In einer finnischen Sauna im Zug. Und die Fragen werden per Handy gestellt.

»In der Sauna mit ...« – vielleicht sollte man das mal Anne Will vorschlagen, als neues Talkkonzept, dann käm' in ihrer

Sendung auch mal wieder was bei rum. Und wenn es nur das erste Arschgeweih von Alice Weidel ist. Und ich wette: Die hat eins.

Die beiden Großkotze in der Sauna großkotzen weiter. Die anderen in der Sauna, vor allem der Nicht-vom-Beckenrand-Springer und ich, gucken hingegen immer genervter aus der nicht vorhandenen Wäsche.

»Wieso musst du Rudi eigentlich aushelfen?«, fragt der Häuslekäufermann.

»Du, der Rudi hat da einfach völlig missgewirtschaftet«, erklärt der Dreihunderttausend-Euro-Mann. »Jedes Jahr mehr ausgegeben, als er eingenommen hat. Das ging so lange gut, wie neue Fördergelder und Drittmittel reinkamen, die er dann immer für den Vorgängerfilm ausgegeben hat, tja, und jetzt fehlen ihm für seinen aktuellen Film dreihunderttausend.«

Nach diesem Saunagang eile ich sofort an meinen Spind, hole mein Smartphone raus und google: In Berlin gibt es genau zwei Filmfirmen mit einem Geschäftsführer namens Rudi. Zwei Spinde weiter steht der Beckenrandspringer, ebenfalls mit seinem Smartphone in der Hand. »Zwei Firmen«, raune ich ihm zu. Er grinst: »Ich tippe auf *TB Movie GmbH*.« Dann nicken wir uns wissend zu.

Ein Saunagang später: Die beiden Geschäftsmänner und ich sitzen wieder in der finnischen Sauna, dann kommt der Tattoomann mit einem Kumpel rein. Sie sind munter am Plaudern.

»Weißt du«, sagt der Beckenrandtätowierte, »das nervt mich echt. Die Leute sehen nur meine Tattoos und denken sich wer weiß was, was ich beruflich mache. Keiner kommt auf die Idee, dass ich Insolvenzrichter bin.«

»Geht mir ähnlich«, sagt sein nicht minder tätowierter Kumpel, »aber ich glaub mir manchmal ja selbst nicht, dass ich beim Finanzamt gelandet bin.«

Der Häusleäufer läuft trotz 90 Grad Lufttemperatur gerade blassblau an im Gesicht. Dann fährt der Kumpel vom Tattoomann fort: »Ist es eigentlich wahr, dass du jedem Hinweis auf Insolvenzverschleppung nachgehen musst?«

»Klar, sobald ich irgendwas höre, was auf Insolvenzverschleppung hindeutet, muss ich den Wirtschaftsstaatsanwalt von Amts wegen bitten, da mal zu ermitteln. Ganz schön nervig so was ...«

»Äh, mir ist zu heiß«, sagt der Häusleäufermann und flieht. »Mir irgendwie auch«, sagt der Dreihunderttausend-Euro-Mann und hechtet hinterher. Durch die Glastür sehen wir sie draußen aufgeregt dampfen und gestikulieren.

Ein paar Minuten später folgt mein Auftritt: Im Saunagarten steht der Dreihunderttausend-Euro-Mann barfuß im Schnee, dampft gar nicht mehr, sondern sieht gerade sehr nachdenklich aus. Fast ein bisschen bleich.

Ich ziehe mein Handy aus dem Bademantel und spreche hinein: »Hallo? ... Bist du's? ... Gut, dass ich dich erreiche ... Hallo? Hallo? ... Ja, der Empfang hier ist ganz schlecht. Ich bin nämlich gerade in der Sauna. Weißt du, Rudi, Zufälle gibt's, du glaubst es nicht ... Jedenfalls dachte ich, ich ruf dich besser gleich mal an ...«

Mit diesen Worten gehe ich durch die Glastür zurück nach drinnen. Von dort sehe ich, wie der Dreihunderttausend-Euro-Mann, obwohl barfuß im Schnee, gerade puterrot anläuft und ganz heftig zu schwitzen beginnt. Aber genau dazu geht man ja schließlich in die Sauna.

33

Aufgusstrends fürs 21. Jahrhundert

Höhepunkt jedes Saunabesuchs sind ohne Zweifel die Aufgüsse, und längst gibt man sich nicht mehr mit Latschenkiefer, Eukalyptus und Lemongrass zufrieden, vielleicht mal als kleine Extravaganz einen Sliwowitz-Aufguss zum Abschluss. Nein, in der russischen Banja muss man sich die Haut mit Birkenzweigen auspeitschen, Mentholkristalle sorgen dafür, dass man sich bei 95 Grad fühlt, als erfriere man gerade im Eisschrank, während man die Augenlider fest zupresst, weil die Augäpfel ansonsten herausspringen und unter die Bank kullern könnten. Wenn man sich bei einem Salz-Aufguss zwischendurch mit ätherisch geölten Salzen einreibt, sollte man mit den salzigen Fingern tunlichst nicht Schleimhäute berühren oder das Handtuch anfassen, auf dem man noch sitzen will, auch nicht aus Versehen, ansonsten wollen die sensiblen Organe dorthin springen, wo zuvor beim Mentholkristall-Aufguss schon die Augäpfel gerollt sind.

Zu meinen bizarrsten Saunaerlebnissen gehörte mal ein Fango-Aufguss, bei dem man sich zwischendrin mit Fangoschlamm einrieb und anschließend noch mal nachbuk, bis man sich fühlte wie einer der Terrakottakrieger von Xi'an. Aber was macht man nicht alles mit, wenn der Aufgussmeister sagt: »Dis hatten wa hier noch als Probe rumliegn, musste ma weg die Pampe.«

An Düften wird inzwischen munter zusammengerührt

und -geschüttelt, was das Regal hergibt, und manche Aufgussfachkraft – vom Berufsbild in früheren Zeiten angesiedelt irgendwo zwischen Bademeister, Folterknecht und Metzgergesellin – entdeckt in sich die sensible Seele eines Parfümeurs: Orange-Wacholder, Kirsch-Banane, Paprika-Vanille, Blaubeer-Kokos-Lavendel, Menthol-Kohlrabi – der Fantasie sind keine Grenzen gesetzt.

Hier ein Überblick über die heißesten Aufgusstrends der 2020er-Jahre:

1. Der Hefeweizen-Aufguss. Wenn Sie der Saunameister überrascht mit der Ankündigung: »So, nu jibt's 'n Aufjuss mit Hefeweizen, öhm, ehemalije Alkis sollten jetz bessa die Biege machen, wa!«, ist Flucht angeraten, auch für Nichtalkoholiker. Nach zwei Kellen Hefeweizen auf dem heißen Stein riecht es nämlich nicht nach Bier, auch nicht nach Weizen, sondern wie in einer Backstube, nach Hefe. Nach zwei weiteren Kellen riecht es wie in einem Brot. Nach dem Wedeln ist man selbst das Brot und versteht, wieso »Bernd das Brot« so ist, wie er ist. »Schneid mich, schmier mich, iss mich«, mosert man und springt ins Tauchbecken. In manch einer Sauna heißt dieser Aufguss gleich »Brot-Aufguss«.

2. Maggi-Clementine, mit herb-süßlicher Zitrusnote werden Körper und Geist leicht winterlich im Gemüt. Olfaktorische Mentalvitamine sorgen für synaptische Erfrischung, die Magginote wirkt stimulierend sowie appetitanregend auf Suppengrün und serbischen Bohneneintopf.

3. Der Kartoffel-Aufguss. Wirkt ausdauer- und belastungsfördernd. Dem Aufgusswasser werden ein paar Esslöffel Salz sowie Rosmarin beigesetzt. Der Aufguss dauert 25 bis 35 Minuten. Am Ende sticht man mit einer Gabel alle Saunierenden an, ob sie gar sind.

4. Der Agave-Zitronen-Aufguss. Auf den Ofen kommt ein Glas weißer Tequila. Dazu werden geeiste Zitronen gereicht. Während des Wedelns beißt man in die Zitrone, zuvor leckt man das Salz von der Haut des Sitznachbarn. Wirkt gesellig und stimulierend.

5. Der Lachs-Aufguss. Aufgegossen wird mit Fischwasser und Kräutern und zwar bis alle Saunierenden eine orange Färbung angenommen haben. Anschließend reibt man sich mit einer Honig-Dill-Paste ein. Dadurch bekommt das Hautbild einen leicht schuppigen Glanz. Danach geht man zurück in die Trockensauna für einen **Dill-Meerrettich-Aufguss**.

6. Der Döner-Aufguss. Beliebt in Berlin-Wedding und Neukölln. Ein klassischer Aufguss mit den ätherischen Ölen aus Knoblauch, Kräuter oder Scharf. Die Saunierenden verlassen die Trockensauna erst, wenn sie oberflächliche Verbrennungen aufweisen und sich Hautfetzen abschälen. Anschließend geht's gleich weiter in den Brot-Aufguss.

7. Der vegane, politisch und kulturell korrekte Demeter-Aufguss. Zu Weltmusik von mindestens 300 Jahre unterdrückten Saminnen und Samen werden fair gehandelte Öle aus Biofrüchten dem gefilterten Aufgusswasser beigegeben, natürlich nur regionale Früchte der Saison. Im Winterhalbjahr daher beliebt: Aromen von Sauerkraut oder Porree-Hagebutte. Auch während des Aufgusses dürfen alle rein, die noch reinwollen, da niemand ausgegrenzt werden soll, und es dürfen alle gehen, wann sie wollen, da niemand in seinen Freiheitsrechten eingeschränkt werden soll. Der Aufguss verpufft daher ohne Wirkung, obwohl mit einem regenbogenfarbenen Handtuch gewedelt wird.

8. Der Ostalgie-Aufguss. In einigen Traditionssaunen in Brandenburg wird noch diese traditionelle Aufgussvariante aus DDR-Zeiten gepflegt. Aufgegossen wird mit Leitungswasser. Man hatte ja nüscht. In der Vorweihnachtszeit wird dem Leitungswasser gelegentlich etwas Persipan beigemischt. Zu hohen sozialistischen Feiertagen wird die Sauna sogar angeheizt auf 40 Grad.

9. Der Ingwer-Orange-Aufguss. Bei diesem Trendaufguss, der vor allem in kleinen Off-Saunen in alternativen Stadtbezirken beliebt ist, wird den Flavourstyles der jungen urbanen Generation Rechnung getragen. Deshalb wird in englischer Sprache aufgegossen. The infusion for a better world belebt die mentalen Skills, während des Rituals werden drei Flaschen Bionade Ingwer-Orange über dem Saunaofen ausgekippt. Das anschließende Wedeln macht den kreativen Kopf frei für neue Projekte.

10. Getoppt wird dieses Trendbewusstsein nur noch in den Designsaunen der Metropolregionen Düsseldorf, München und Berlin. Individuelle Frottierware von Abercrombie & Fitch und Bademäntel designed vom Label Lala Berlin gehören hier zum Standard. Die Kreativärsche betten sich auf Bänke aus Nussbaumwurzelholz vorm Bulthaup-Saunaofen mit handgeschliffenen Saunasteinen aus Plutonit. Zu smoothen

Elektroklängen erfolgt dann **der Cranberry-Koks-Aufguss**. Beim anschließenden Chillen ersinnt man neue targeting campaigns, tauscht Visitenkarten oder Geschlechtskrankheiten aus.

11. Gegen derlei Auswüchse gibt es aber auch schon eine Gegenbewegung – zurück zu den Ursprüngen der Saunakultur, back to basic. Dafür steht zum Beispiel **der Schweiß-Aufguss**. Schwitzen in Schweißaroma ist Sauna in doppelter Potenz, Sauna hoch zwei. Der Aufguss markiert Männlichkeit, Härte und sexuelles Ausdrucksvermögen, fördert die Durchblutung, Leistungsfähigkeit und den Testosteronausstoß. Dringende Warnung: Danach unbedingt im Tauchbecken abkühlen, sonst versucht »Mann« irgendwann, den Saunaofen zu begatten.

TOUCHÉ by ©TOM

GLAUB MIR, DAS BESTE NACH
SO EINEM ABEND IST EINE
RUNDE SAUNEN!
ICH FAHR DICH AUCH HIN.

HAT JEMAND EINEN
AUFGUSS GEMACHT?
NACH WAS RIECHT DAS
DENN?

HM - ICH WÜRDE SAGEN ...
EIN 99ER CHIANTI
CLASSICO MIT EINEM
HAUCH ASPIRIN IM ABGANG...

Saunabrunfzer

Im Finnischen gibt es das Wort »Hirvikiimasaunassa«. Es heißt übersetzt in etwa: »Männer, die in Saunen wie brünftige Elche klingen«. Ich muss oft daran denken, wenn ich Abende in meiner Berliner Stammsauna verbringe.

Zu vorgerückter Stunde passiert es gelegentlich, dass beim Aufguss nur noch Männer zugegen sind. Manchmal macht die diensthabende Saunameisterin dazu eine kleine Bemerkung: »Oh, ist ja 'ne reine Männerrunde hier.« Die Reaktion ist immer dieselbe: »Höhöhö«, gefolgt von der beliebten Wer-bringt-den-dümmsten-Spruch-Competition.

»Diesmal gibt es Fichte-Orange«, sagt die Saunameisterin, und ein Mann wirft ein: »Das ist aber kein sehr männlicher Duft, höhö.«

»Ja, tut mir leid«, entgegnet die Saunameisterin, »aber Eiche-Beton-Diesel war grad aus.«

Dann bittet sie um Ruhe: »Die Gespräche bitte nun einstellen.«

Zwei Typen neben mir quatschen ungerührt weiter über Immobilienanlagen und Discoeroberungen. »Die Gespräche bitte einstellen!« Die beiden wechseln zu Discoanlagen und Immobilieneroberungen. »Fresse halten!«, übersetze ich. Na also, geht doch. Mann spricht Männlisch.

Dann geht der Aufguss los, und es dauert keine zwei Minuten, und ein Mann stöhnt auf. Hat der erste mit einem solchen Saunabrunfzer vorgelegt, stimmen die anderen bald ein in einen Überbietungswettbewerb. Wer röhrt lauter, länger, klangvoller?

Eine andere Aufgießerin beendete ihre Begrüßung unlängst mit den Worten: »Während des Aufgusses bitte Ruhe. Und ein kleiner Hinweis, vor allem an die Männer unter Ihnen: Stöhnen Sie bitte nur, wenn's mit Ihnen *wirklich* zu Ende geht.« – Es war ein sehr entspannter Aufguss.

Frauen erscheinen mir duldsamer. Aber wer biologisch dazu verurteilt ist, prinzipiell eine Geburt aushalten zu können, für die ist auch der härteste Aufguss kein Grund zum Stöhnen. Männer sind hingegen wehleidige Lappen. Meuchelt sie nicht ein Männerschnupfen, so drohen sie an ein paar Kellen Wasser auf dem Saunaofen zu krepieren. Jeder Aufguss ein »petit mort«, der passend orgasmisch intoniert sein will. Und man ist ja auch nackt in der Sauna! Man kann alles sehen, da muss man anders imponieren. »Ja gut, meine Eichel reicht nicht mal bis aufs Handtuch, aber hört mal, wie gut ich stöhnen kann! RÖÖÖÖÖHR!« Ich hab schon in Aufgüssen gesessen, da wusste ich nicht mehr, ob ich grad zwischen grunzenden Schweinen, pubertierenden Elchen, Zombies aus *The Walking Dead* oder den Harleys eines losbrausenden Hells-Angels-Charter hockte.

Was *sagt* man in solch einem Augenblick? »Verzeihung die Herren, aber die Pornokaraoke ist drei Häuser weiter«?

Das männliche Stöhnverhalten zeigt sich übrigens nicht nur bei Frauen an der Aufgusskelle, sondern auch bei Männern; man hört es jedoch kaum, wenn die Männer im Raum in der Minderheit sind. Sind sie unter sich, erreicht es Dezibelwerte, die die Aufgießenden arbeitsrechtlich zum Tragen von Ohrschützern verpflichteten.

Es ist was unter Männern, irgendein archaischer Verhaltensrest, der bei 90 Grad Lufttemperatur aus der maskulinen Biologie rausdampft. Das Grunzen in der Sauna ist der Locker Room Talk des zivilisierten Barbaren. Schön ist das nicht. Aber das finnische Wort dafür ist schön. Hirvikiimasaunassa. Aber leider ist das bloß ausgedacht.

Relax – Don't Do It. Oder: Wellness in Euskirchen

Gastbeitrag
von Dagmar Schönleber

»Lass uns doch in die Sauna gehen«, sagt der Mann beim Sonntagsfrühstück. »Ich hab da was gefunden!« Er wedelt vielversprechend mit einem Prospekt vor meiner Nase herum.

Eigentlich mag ich Wellnesseinrichtungen. Sie dürfen nur nicht zu groß und nicht zu bunt sein, und in ihren Namen sollten möglichst die Worte »Oase« und »Paradies« vermieden werden.

Diesen Prospekt als »farbenfroh« zu bezeichnen, wäre glatt untertrieben. »Palmenparadies Euskirchen – die größte Wellnessoase der Region«, heißt es dort. Drei Fehler in einem Satz, was meine Entspannungsbedingungen betrifft.

Aber manchmal bin ich wie diese jungen Mädchen in Horrorfilmen, die gerade gesagt bekommen, dass der Axtmörder frei herumläuft, und die dann sagen: »Echt? Das ist ja schrecklich! Oh, schon so spät, ich muss nach Hause, ich nehme die Abkürzung durch den Wald!«

Denn jetzt stehe ich vor diesen geschmacklos braun gesprenkelten Fake-Marmorsäulen, die das grellbunte Schild »Palmenparadies Euskirchen« stützen, und denke tatsächlich: »Na ja, so schlimm wird's schon nicht werden!«

Ich meine: nichts gegen Palmen, die sind wirklich paradiesisch. Aber schon bald kann ich wieder einmal verstehen, warum Gott die Leute aus dem Paradies geworfen hat, dabei waren das nur zwei! Aber das ist ja immer das Problem: die Leute.

Falls sich jemand gefragt haben sollte, wo eigentlich die ganzen Arschgeweihe der Nullerjahre abgeblieben sind: in Euskirchen. Vielfach kombiniert mit bestrassten Fingernägeln und praktischen Kurzhaarfrisuren. Die anwesenden Männer zeichnen sich durch entweder sehr durchtrainierte oder von Sport gänzlich unberührte Figuren aus und sind ebenfalls reichlich in eher minderer Qualität tätowiert.

Der Saunabereich wurde von jemandem gestaltet, der offensichtlich den Ehrgeiz hatte, alle Formen und Stile der Welt in einem Raum zu vereinen. Man sieht orientalische Ornamente über dorischen Säulen, dazwischen hängen Wandlampen in kühler, gebürsteter Aluminiumoptik, und über allem spannt sich eine Glaskuppel, die von einer Holzkonstruktion im Achtzigerjahre-Waffellook gestützt wird. Die Eingänge zu den einzelnen Saunakabinen bestehen aus Treppen in dunkelgrün-braun-schwarzem Marmorimitat, dazu ein verchromtes Geländer mit goldenen Knäufen am Ende. Kurz: Man designte hier nach dem Motto »Weniger ist schlecht«.

Auch bei der Gestaltung der unterschiedlichen Saunen wollte man zusammenbringen, was nicht zusammengehört. Oder wer zur Hölle braucht eine Kinosauna? Sicherlich habe ich schon manchmal im Kino gefroren, aber selten habe ich beim Saunieren gedacht: »Man, jetzt noch *Herr der Ringe*, und der Tag ist perfekt!«

Nachdem uns sowohl die Wiener-Caféhaus-Sauna, die Keltensauna, die Koikarpfensauna, das Taj Mahal sowie das marokkanische Schwitzbad zu voll erscheinen, finden wir die menschenleere Holzhackersauna, ein Neunzig-Grad-Stübchen im bayerischen Stil. Doch kaum niedergelassen, strömt auch hier eine ganze Horde Menschen in unser Refugium, der Mann und ich sehen uns verwundert an.

»Aufguss? Jetzt? Es ist doch erst Viertel vor, die machen doch nur halbstündig!«, wispere ich, obwohl wispern völlig überflüssig ist, alle unterhalten sich in normaler Lautstärke. Der Mann will mit den Schultern zucken, kann jedoch nicht, da der Nachbar zu dicht neben ihm sitzt. In diesem Moment betritt ein Saunameister das Terrain mit den Worten: »Neee, Freunde, der Aufguss ist erst in fuffzehn Minuten und dauert auch zehn Minuten, bis dahin seid ihr alle kaputt. Alle Mann raus, ihr bekommt schon noch euren Platz.« Nach mehrmaliger Aufforderung verlassen die anderen murrend die Schwitzhütte, manche lassen jedoch ihre Handtücher als Landmarke zurück. Der Mann und ich sind wieder allein, wir versichern glaubhaft, dass wir einfach nur alleine, ohne Aufguss schwitzen wollen.

Der Saunameister bleibt als Türsteher vor der voll verglasten Tür beziehungsweise Wand stehen, vor ihm die aufgusswütige Masse, die auf keinen Fall den Einlass verpassen will. Es ist aus unserer Perspektive ein merkwürdiges Bild: Ungefähr fünfzig nackte oder lässig bebademantelte Menschen gucken zu uns herein, ein bisschen wie im Zoo.

Ich frage mich, ob die am Abend zu Hause im Bett liegen und sich denken: Das war mal ein richtig entspannender Tag! Irgendwie zweifle ich daran. Wo sich viele Menschen tummeln, kommen automatisch mehr hinzu, darum stehen mittlerweile ungefähr achtzig Leute vor der Sauna und glotzen unruhig herein. Sie haben den Eindruck, etwas zu verpassen. Etwas, wofür sie BEZAHLT haben. Die zuletzt Hinzugekommenen wissen nicht, warum alle draußen und wir als Einzige *in* der Sauna sind, und gucken uns vorwurfsvoll an. Aus reiner Freude an der Provokation geben der Mann und ich uns ein High Five und grinsen dann nach draußen, was die Menschen dort empört aufschnaufen lässt.

»Wenn wir rausgehen, klopfen wir dem Saunameister auf die Schulter und sagen ›Danke, Konstantin, Sie können den Pöbel jetzt reinlassen‹«, sage ich, und wir lachen leicht hysterisch. Zehn Minuten später wollen wir durchgegart die Sauna verlassen, was dummerweise mit der Sekunde zusammenfällt, in der der Saunameister beschließt, dass die anderen jetzt wieder hereindürfen. Ein Strom nackter Leiber quillt uns entgegen, ohne Rücksicht auf Verluste werden mit kreisenden Handtüchern Schneisen geschlagen, Beinchen gestellt, Ellenbogen ausgefahren – ein Verhalten, das man sonst nur vom Sommerschlussverkauf oder nach einer sehr langen Rede bei der Büfetteröffnung kennt. Es ist wie in einem billigen Pauschalurlaub. Pauschalurlaub in Euskirchen. Wir retten uns mit nahezu letzter Kraft ins Kaltwasserbecken und sind geistig und körperlich angezählt.

Als wir uns in unsere schützenden Bademäntel wickeln, hören wir Musik, die ich eigentlich nicht Musik nennen möchte, um die Musik nicht zu beleidigen. Sie kommt aus der Sauna, die wir eben verlassen haben. Ungläubig tapsen wir zurück. Jetzt stehen wir vor der verglasten Wand und schauen auf circa hundert dicht gepresste, schwitzende Menschen; es erinnert an eine frisch geöffnete Dose Corned Beef. Obwohl nicht ganz, denn Corned Beef klatscht nicht. Diese Menschen schon. Sie klatschen bei 90 Grad im Takt zu einem schlecht produzierten Après-Ski-Hit, im Vordergrund sieht man den Saunameister und zwei angezogene, sportlich kompakte Frauen, von denen eine mit einem Fächer herumwedelt, während die andere übermotivierte Tanzschritte

hüpft, den Klatschtakt vorgibt, dazu »Des is a Mordsgaudi!«
schreit und ab und zu Eisklümpchen in die Menge wirft, was
mit großem Gejohle quittiert wird. Wir gucken auf Malle in
Reinkultur.

»Wir müssen jetzt sofort fahren«, presst der Mann hervor,
und ich weiß, warum ich ihn so mag.

Es gibt wenig unentspannendere Dinge, als mit Menschen,
die eine sehr unterschiedliche Vorstellung von Entspannung
haben, am selben Ort zu sein.

Wieder einmal habe ich verstanden, wie Kriege entstehen
können.

(Saunameister-Prüfung)

Kleine Typologie
des Aufgusspersonals

Aufguss ist nicht gleich Aufguss, das weiß jeder, der schon mal eine Sauna besucht hat. Im Mittelpunkt steht dabei stets die Person, die den Aufguss macht. Wir lieben sie, wir hassen sie. Am Ende gibt's Applaus, doch jeder weiß: Wo Applaus ist, sind Allüren nicht weit.

Hier eine kleine, unvollständige Typologie der Aufgießenden, wobei der Gendergerechtigkeit halber angemerkt werden soll, dass jeder hier beschriebene Typus ebenso gut bei jedem anderen Geschlecht auftauchen kann.

Schwester Hildegard. Der Aufguss ist eine medizinische Anwendung, die mit der gelangweilten Routine des Klinikalltags verabreicht wird, sie führt ihn mit demselben Enthusiasmus aus, mit dem sie eine Bettpfanne leeren würde. Die Dienstkleidung ist weiß. Der Aufguss beginnt pünktlich und dauert exakt 12 Minuten. Dies wird mit einer elektronischen Uhr gestoppt. Das klinische »Wir« gehört zum Umgangston. »Wir machen dann mal einen Aufguss und setzen uns dazu aufrecht hin und nehmen all unsere Körperteile auf das Handtuch, auch unseren Penis, der Herr.« Der Aufguss macht keinen Spaß. Spaß ist nicht die Kategorie, in der sie denkt. Der Aufguss ist *heilsam*. Bevorzugte Düfte sind solche mit nachgewiesener medizinischer Wirkung: Eukalyptus-Menthol, Kamille-Salbei oder Kiefer-Sagrotan.

Der Kumpel. Er kennt alle Saunierenden beim Vornamen. Er ist selbst sein Vorname. Er ist »der Jürgen«, »die Susanne« oder »der Tobias«. Er nimmt Aufgusswünsche entgegen wie ein DJ, lässt sich dafür auch gern mal ein Bier ausgeben. Er schäkert. Er plaudert. »Na, Friedrich, letzten Aufguss war die Plauze aber noch schlanker, was?«

»Logo, Jürgen, genau zwei Hefeweizen schlanker, die muss ich rausschwitzen. Wedel bloß anständig.«

»Wedeln kannste dir selber, das verbrennt auch Kalorien.«

Die Dialoge sind so klebrig wie frischer Schweiß auf der Haut. Wer bei einem Kumpel im Aufguss war, mag sich Locker Room Talk mit ihm nicht mehr vorstellen. Ruhig ist es in dieser Viertelstunde nie, denn das Problem an einem Kumpel ist, dass plötzlich alle Kumpel vom Kumpel sein wollen. Es wird zurückgekumpelt, dass sich die Saunabänke biegen, umso mehr, wenn der Kumpel eine Frau ist, denn die darf nie das letzte Wort haben. Jeder dumme Spruch wird gekontert mit einem noch dümmeren Spruch. Dann sagt der Kumpel: »Jetzt aber mal Ruhe, is' Aufguss hier. Sind noch andere Leute da.«

Aber jede neue Information bedeutet eine neue Replik: »Hab ich mir ooch schon gefragt, wieso du die alle reinjelassen hast. Und Fritz musste draußen bleiben.« Passend winkt Fritz jetzt durch die Saunatür, und der Kumpel fragt in die Runde: »Wolle mer'n reinlasse?« Dann trottet Fritz unter allseitigem Gejohle rein, der Oberkumpel sagt: »Stückt mal'n Rück für'n alten Fritz.« Und als auch alle Alter-Fritz-Kalauer abgefrühstückt sind, ruft der Kumpel in die Runde: »Habt ihr alle Lust auf einen Aufguss?« Und alle Kumpels krähen brav »Ja«, denn wir sind ja alle da, lieber Kasper.

Apropos Kasper: Am schlimmsten ist, wenn der Kumpel sich auch noch für witzig hält. Dann macht er Jokes und wedelt einem Punchlines um die Ohren. »Ich mach jetzt den Nachtfalter-Aufguss ... mit der Bergamotte. Höhöhö ...« Doch merke: Wer in der Sauna ein Comedian sein will, ist bloß ein Clown.

Der Bademeister. Der Aufguss in der finnischen Sauna ist eine lästige Pflicht, die aber leider in seinem Arbeitsvertrag steht. Vor seiner Umschulung zum »Aufsichtspersonal Bäderbetriebe« war er Linienbusfahrer in Berlin, wurde aber wegen defizitärem Sozialverhalten vom Dienst freigestellt. Er interpretierte es als Anerkennung seiner Verdienste. Aufgüsse hasst er, halten sie ihn doch von seinen Lieblingstätigkeiten ab: Elfjährige von der Rutsche pfeifen oder Siebenjährige bei den Tauchübungen fürs Seepferdchen demütigen. Selbst solche Schwimmkurse sind nur seine drittliebste Tätigkeit, hält sie ihn doch von seiner zweiten Lieblingstätigkeit ab: Ausländerjungs des Sprungturms verweisen. Und dann tut man beim Aufguss noch das, was man als Bademeister nicht kennt: schwitzen. Mit entsprechendem Elan und ambitionierter Bräsigkeit geht er dieser Tätigkeit nun nach und lässt allen angestauten Frust an den Saunierenden aus. Ein Spritzer mehr Zitrusöl ins Wasser, damit es richtig schön brennt in den Augen, stets zwei Kellen mehr Dampf als nötig, damit es richtig schön zwiebelt auf der Haut, und dann wird mit einer Inbrunst und Kraft gewedelt, weil er sich insgeheim vorstellt, mit seinem feuchten Handtuch jeden einzelnen Saunagast auszupeitschen, und wehe, man lehnt sich aus Versehen mal ein Stück zu weit vor mit dem Kopf, dann bleibt's nicht bei der Fantasie. Selber schuld, wenn man die

Lufthoheit von Master Towel anzweifelt. Nach dem Aufguss stürzt oder kriecht man auf allen vieren von dannen, unbeachtet vom Bademeister, der als Einziger ein Lächeln auf den Lippen trägt, in das er aber sofort seine Trillerpfeife schiebt und zurück zum Bad schlendert. Er schaut nicht zurück, denn er hat schon zwei arabische Jungs im Blick, die diesen Aufguss ausbaden müssen.

Die Besorgte. Sie will alles richtig machen und macht alles richtig. Vorbildlich erklärt sie am Beginn jedes Saunagangs alle Regeln. Runtersetzen, wenn's zu heiß wird. Wie viele Runden, wie oft wird sie wedeln, wann sind gute Momente rauszugehen. Aber natürlich jederzeit, wenn's gar nicht mehr anders geht. Was sind die angeblichen Wirkungen des gewählten Saunadufts? Anschließend wiederholt sie alles auf Englisch. Dann bittet sie alle noch mal eindringlich, wirklich vollständig auf dem Handtuch zu sitzen. Und weist drauf hin, wie man sich am besten nach dem Aufguss verhält, welche Art der Abkühlung besonders gesund ist, dass die Bar revitalisierende Fruchtsäfte im Angebot hat. Dann wiederholt sie alles noch mal auf Englisch. Nach einer Viertelstunde der bilingualen Erklärungen sagt sie endlich »Viel Spaß!«, und die erste Saunierende kippt erschöpft von der obersten Bank.

Der Folterknecht. Siehe *Der Bademeister*; nur mit dem Unterschied, dass der Folterknecht aus freien Stücken tätig ist und Spaß an der Sache hat. Ein Spaß, der nicht immer auf beiden Seiten ist. Im Gegensatz zum Bademeister fordert der Folterknecht Applaus ein. Ohne diese letzte Demütigung, für die eigenen Qualen noch mit der Währung Applaus zu zahlen, öffnet er nicht die Tür.

Die Schweigsame. Sie ist keine Freundin vieler Worte. Sie ist überhaupt keine Freundin von Worten. Ein Gruß wäre übertrieben. Vielleicht nickt sie, wenn sie reinkommt. Sie stellt einen Eimer mit Aufgusswasser ab. Wenn draußen auf einer Tafel steht, womit um diese Uhrzeit aufgegossen wird, sagt sie nichts. Wenn draußen nichts angeschlagen ist, sagt sie auch nichts. Vielleicht nuschelt sie einmal den Namen des Aufgussdufts. Aber es ist mehr ein Flüstern Richtung Saunaofen, der muss es ja wissen. Der Aufguss läuft in wohltuender Ruhe ab, alle Saunagäste versuchen, noch stiller zu sein als die Schweigsame. Sie ist die Stille nach dem Guss. Der Applaus ist herzlich, ihr aber unangenehm, vielleicht nickt sie einmal zum Dank. Vielleicht aber auch nicht.

Der Überambitionierte. Er kommt mit einer Schubkarre voll Geraffel in die Sauna. Mehrere Eimer mit verschiedenen Düften, einer exotischer als der andere, gediegene Tiegelchen mit Kristallen, die er auf dem Ofen verstreut, besondere Kellen, aus denen es auf die heißen Steine sprühregnet, riesige Fächer in hypnotischen Knallfarben, womit er mit großen Gesten herumwedelt, die er sich bei den *Ehrlich Brothers* abgeschaut hat oder von *Rammstein*. Dazu Eiskübel, Tinkturen, Salben und Salze, mit denen man sich an vordefinierten Stellen im Ablauf des Rituals einreiben soll. Und das alles untermalt von indischer Slash meditativer Slash noch schrecklicherer Musik vom Band und halluzinogenen Lichteinstellungen. Der Aufguss als Showevent. Er hält sich für einen magischen Entertainer, dabei ist er nur getriebener Geselle seiner Materialschlachterei. Er hat schon mal an den deutschen Aufgussmeisterschaften teilgenommen und ist als Vierter beim Vorentscheid im *Aqua Salza* in Bad Salzköttelsau ausgeschieden, weil er bei allem Bühnenbrimborium das Wasser auf den Steinen vergessen hat. Aus dem Aufguss eines Überambitionierten kommt man so gestresst, dass man danach am liebsten in die Sauna gehen würde.

Der Tänzer. Eigentlich ein unauffälliger Mensch an der Aufgusskelle, bis er zum Handtuch greift und wedelt. Das ist große Kunst. Was er mit einem einfachen Frotteehandtuch anstellt, sieht mehr nach einer Mischung aus rhythmischer Sportgymnastik, Schleiertanz und Stierkampf aus. Für diesen Moment lebt er, der Aufguss sind seine fifteen minutes of fame.

Die Maschine. Es gibt Aufgusspersonal, das funktioniert wie ein Druide aus *Star Wars*. Ach, du meine Güte! Menschmaschinen, deren zweiter Vorname Routine ist. Oder der erste Vorname. Routine, könnte auch ein Frauenname sein, die Schwester von Platine und Kantine. Oder Routino, italienischer Männername, abgeleitet vom Lateinischen »Rutus«, der Langweilige: der, der immer denselben Weg läuft. 18 Uhr Lemongrass. 19 Uhr Birke. Das haben wir schon immer so gemacht. Drei Runden, jeweils drei Kellen, einmal den Propeller, dann zwei Handtuchschläge pro Person entgegen dem Uhrzeigersinn. Die Maschine wurde schon dabei beobachtet, wie sie den letzten Aufguss um 23 Uhr in einer menschenleeren Sauna machte und verwaiste Bänke anwedelte.

Schlimmer als diese Aufgussmaschinen sind eigentlich nur tatsächliche Aufgussmaschinen, wo eine schnöde Mechanik alle halbe Stunde einen Strull Duftwasser auf die Steine pinkelt. Das ist unwürdiger Geiz an der falschen Stelle. Nein, jeder Aufgusstyp ist besser als das, denn Aufguss ohne Aufgießenden ist eine Sauna ohne Seele – es muss ja keine reine sein.

Birkenteer

In meiner Stammsauna gibt es ein Ritual. Der letzte Aufguss des Abends ist oft Birkenteer. Daran scheiden sich jedes Mal die Geister. Auch das gehört zum Ritual. Die einen sagen, Birkenteer riecht holzig-archaisch, die anderen – also ich – sagen: Birkenteer stinkt bestialisch. Nach Waldbrand. Wer Birkenteer-Aufgüsse liebt, leckt auch gerne seinen Kamin aus und macht Wellnessurlaub im grad mal wieder frisch abgefackelten Südeuropa.

»Waldbrand« ist auch nicht ganz falsch, denn Birkenteer ist das, was übrigbleibt, wenn man stark harzende Baumrinde bei großer Hitze einkocht. Man kann's auch Pech nennen.

Birkenteer riecht wie Santa Claus im Januar, nachdem er im Dezember alle Schornsteine der Welt runtergeschubbert ist. Einsam sitzt er in seinem Sessel, und alle Rentiere haben rot entzündete Nasen, weil er so stinkt. In etwa so fühle ich mich nach einem Birkenteer-Aufguss. Birkenteer war im Mittelalter beliebt als Klebstoff, und so pappt der Geruch noch Stunden an Haut und Haar wie verbrannter Kleister, und man dünstet die ganze Nacht weiter aus. Einmal schlug mein Rauchmelder an.

Ich frage mich: Wer ist auf die Idee gekommen, so etwas als Aufgussöl zu verwenden? Finnen waren's sicher nicht. Ich war mal mit einem Finnen in der Sauna. Der ist beim Birkenteer-Aufguss rausgerannt und hat sich übergeben. Na gut, das war gelogen. Es war beim Lavendel-Aufguss. Aber Finnen gießen halt nur mit klarem Wasser auf. Duftöle entspannen bei ihnen nur den Hals, weil sie so sehr den Kopf schütteln.

Aber irgendein Mensch muss, nachdem ihm die Sauna überm Kopf abgebrannt ist, gesagt haben: »Boah, riecht das geil! Wenn ich die Sauna wiederaufgebaut habe, nehme ich den Rotz als Duftöl!« Wer war das?

Eine Frage, die ich mir ähnlich auch bei Moschus stelle. Noch so ein archaischer, angeblich maskuliner »Duft«. Wer hatte in der Urzeit bloß den Einfall, sich mit dem Inhalt dessen, was da beim männlichen Moschustier zwischen Bauchnabel und Penis baumelt, einfach mal einzureiben? Wie kommt man auf so eine Idee? Und wie sah die *komplette* Versuchsreihe aus? Sprich: Womit hat sich der Arme sonst noch eingerieben, bevor es mit der Moschusdrüse klappte? »Schatz, ich hab mir gerade Moschuspipi aufgelegt, riech ich nicht voll sexy und verführerisch?« – »GULP! Verlass sofort diese Höhle, Kerl, und komm nicht vorm Frühjahr wieder!!«

Moschus gibt's übrigens auch als Saunaduftöl. Oh Gott, hoffentlich findet das meine Stammsauna nicht raus.

»Was magst du an Birkenteer?«, habe ich mal einen Bekannten gefragt.

»Ich finde, das riecht gut«, antwortete er. Aber das ist kein Argument. Viele Menschen finden ja auch, dass die eigenen Körpergerüche gut riechen. Was die Natur ganz praktisch eingerichtet hat, sonst wären alle Menschen ja ständig damit beschäftigt, vor sich selber wegzulaufen. Was aber objektiv betrachtet einfach nicht stimmt, das kann jeder gern mal in einer voll besetzten Straßenbahn ausprobieren. Beziehungsweise: Bitte nicht.

Moschus. Birkenteer. Immer wenn Düfte den Beinamen

»archaisch« tragen, sind's Männer, die drauf abfahren. Ein ganzer Kerl dank Birkenteer, dem Chappi unter den Saunadüften.

Birkenteer ist Wellness für die richtig Harten, der Tough Mudder der Entspannung. So gehört es zum Ritual, dass beim Birkenteer-Aufguss fast ausschließlich Männer auf den Brettern sitzen und majestätisch stöhnen und schnaufen. In diesem Moment dürfen sie sich, einmal für zehn Minuten, wie Stammesälteste fühlen, wie alte weise Männer – obschon sie in Wahrheit nur großstädtische Lauchs sind, die kaum männlicher wirken als Monty Pythons Holzfäller und eine Birke nicht von einem Moschus unterscheiden könnten.

Die Oberste Direktive

»Eine Sauna ist ein recht schmuckloser Raum, was hängen wir da bloß an die Wand?«, mag sich einst derjenige Deutsche gefragt haben, der die Saunakultur importierte. Nackte Wände, das geht schließlich gar nicht im Reiche der Teutonen. Und da in der Trockensauna beim Gemälde von röhrenden Hirschen die Ölfarbe sogleich abplatzen und hässliche Flecken auf den Bänken machen würde, hängte man das ans Holz, was des Deutschen zweitliebster Wandschmuck ist: Schilder.

Der altbewährte Sinnspruch »Ein Lächeln kostet weniger als Elektrizität, bringt jedoch Licht in jedes Haus« funktionierte jedoch nicht, denn in der Sauna lächelt man nicht. Wer in der Sauna lächelt, macht sich verdächtig. So kam man bald darauf, die Oberste Direktive (»Kein Schweiß aufs Holz!«) auf Schilder zu brennen, deren Design seit gut siebzig Jahren nahezu unverändert ist.

Ebenso wurden vor der Sauna Schilder angebracht, die dem deutschen Michel und der deutschen Michaela in Wort und Bild erklären, wie man richtig sauniert. Sie sind ebenfalls seit Jahrzehnten dieselben und wurden mal in den Fünfzigerjahren des letzten Jahrhunderts als mäßig bezahltes Auftragswerk von einem gelangweilten Erich-Kästner-Illustrator gezeichnet.

Darauf kann man nun seit Dekaden schwarz auf verblichen nachlesen: Fünfzehn Minuten Saunieren, dann ab unter die Dusche. Aber woher weiß man eigentlich, wann diese fünfzehn Minuten um sind? Unbestätigten Berichten zufolge soll eine nackte schwäbische Hausfrau die Erste gewesen sein, die eine kleine Eieruhr mit in die Damensauna brachte.

So jedenfalls fand die Sanduhr ihren Weg in die Sauna als Accessoire zur Zeit. Inzwischen hängt sie am Holz wie festgewachsen und gehört in eine deutsche Sauna wie das Kruzifix in eine bayerische Schulklasse, mit dem kleinen Unterschied, dass die Sanduhr noch aktiv angebetet wird. Nichts ist Saunierenden hierzulande heiliger als die Sanduhr!

Und das ist durchaus paradox. Tagsüber am Computerbildschirm hassen wir nichts mehr als aufploppende Sanduhren, doch sobald wir in einer Sauna sitzen, schauen wir auf nichts lieber.

Wenig irritiert deutsche Saunagängerinnen und -gänger mehr, als keine Sanduhr im Schwitzkasten vorzufinden. Ich hab bei meinen Finnlandbesuchen schon Deutsche beobachtet, die mit allen Eigenarten des Ursaunierens klarkamen – geschlechtergetrennt in Lycra-Swimwear auf waschlappengroßen Unterlegtüchern –, aber nachhaltig verstört waren sie, dass es dort, im Homeland der Saunakultur, keine Sanduhren gibt.

Der Griff zur Sanduhr beim Betreten einer Saunakabine ist Deutschen mittlerweile so angeboren wie Katholiken das Bekreuzigen beim Eintreten in ein Gotteshaus oder nach dem Erzielen eines Bundesligators. In der Sauna ist es der Gruß an Porus, den Gott des Schweißes.

Welch ärgerlicher Missstand aber ist es, dass nach bald hundert Jahren Saunakultur in Deutschland noch immer keine Sauna so viele Sanduhren besitzt wie Sitzplätze! Oftmals gibt es nur drei oder vier für eine ganze finnische Sauna! Diese Mangelwirtschaft stellt viele Saunierende vor elementare Herausforderungen. Ich hab schon Menschen beobachtet, die in einer nur spärlich besetzten Sauna wieder umgedreht sind, weil gerade keine Sanduhr frei war.

Umso rätselhafter ist, dass Timesharing in deutschen Saunen nahezu unbekannt ist. Denn was macht der deutsche Saunagast, wenn er die Kabine betritt und sieht, dass dort eine frisch umgedrehte Sanduhr hängt, bei der erst zwei oder drei Körner durchgerieselt sind? – Er greift zur Sanduhr daneben und dreht sich eine *eigene* Sanduhr um: mein Handtuch, mein Schweiß, meine Zeit. Man könnte ja womöglich vierzig Sandkörner zu früh die Sauna verlassen.

Mit dem rebellischen Geist der mir innewohnenden Jugend wagte ich es einst, mich diesem Ritual zu widersetzen, weil ich sah, dass kurz zuvor eine Uhr umgedreht worden war. Ich erdreistete mich, einfach auf die Uhr meines Vorgängers zu schauen, und summte dazu in Gedanken das urchristliche Protestlied »Meine Zeit steht in deinen Händen ...« Besagter Vorgänger fand das jedoch gar nicht lustig: »Was gucken Sie denn die ganze Zeit da hin? Das ist *meine* Sanduhr!«

»Keine Sorge, ich nehme sie Ihnen nicht weg«, klärte ich ihn auf. »Die Zeit wird nicht weniger, wenn wir uns eine Uhr teilen.«

»Aber ... aber ...« Er lief rot an, aber das kann natürlich auch an der Hitze gelegen haben. »... Aber die Uhr zeigt doch nur *eine* Viertelstunde an!«

Der ordentliche Saunagast verlässt die Sauna auch nicht, bevor die Sanduhr durchgelaufen ist. Dies ist ein blankes Gesetz und kommt gleich nach der Obersten Direktive. Eine Viertelstunde ist eine Viertelstunde ist eine Viertelstunde, aber manchmal eben doch nicht. Es soll schon Menschen gegeben haben, die dank eines einzigen verklebten Korns im gläsernen Hals der Sanduhr in einer Sauna brutal vertrockneten. Die Sanduhr blieb stehen, sie blieben sitzen, von Ewigkeit zu Ewigkeit, Amen.

Da lob ich mir doch die ältere Dame, die mir, als wir in einer 115 Grad heißen Sauna aufeinandertrafen, einst den klugen Ratschlag gab: »Ach, wenn mir zu heiß wird, dann schau ich einfach auf eine andere Sanduhr, die schneller durch ist.« Dieser Pragmatismus in einer deutschen Sauna ist mindestens so wohltuend wie die kalte Dusche danach.

Saunieren bei Seegang

Gastbeitrag
von Christian Ritter

Gegen Mitte meiner zweiten Kreuzfahrtwoche war der Ritt auf den Wellen ein wilder geworden, unser Schiff war ein Schaukelschiff. Vielleicht hatten doch zu viele Leute ein fröhliches Lied auf dem Außendeck gepfiffen und damit das Unglück heraufbeschworen. Oder, abwegiger Gedanke: Vielleicht passiert das einfach ab und an. Auch wenn man es gelegentlich vergisst, wenn man gerade am Kurs »Malen mit Kaffee« teilnimmt, sich im Tattoostudio auf Deck 12 ein süßes Einhorn tätowieren lässt oder einen Brotbackkurs absolviert: Man ist immer noch auf einem Schiff. Das schwimmt. Da kann's mal schaukeln, wenn's windet und es Wellen gibt, das ist im Reisepreis enthalten und kein Grund zur Beanstandung, auch wenn man sonst auf dem Jahrmarkt nicht so gern Wildwasserbahn fährt. Man ist *Teil der Natur, eins mit den Gezeiten* mit seinem schwimmenden Hotel mit Einkaufsmeile und Fußballplatz. So weit der rationale Aspekt. Wenn der Gleichgewichtssinn aber mehrere Tage in Folge gechallenget wird, kann es auch mal irrational werden. Unter den Passagieren machten sich recht eigenartige Verhaltensmuster breit:

Eine Gruppe junger Männer, soweit ich mitbekommen habe, ein Junggesellenabschied aus Schleswig-Holstein, hatte sich ein Spiel ausgedacht: Sie liefen mit langen, dünnen Seilen herum, die sie sich um die Hüfte gebunden oder um die Schulter geworfen hatten wie Cowboys. Sobald der Kapitän eine Durchsage machte und es in den Lautsprechern knackte, gingen sie in Habachtstellung, nahmen die Seile zur Hand und warteten auf den entscheidenden Satz: »Zu Ihrer Information: Der Wind weht in Windstärke 5 und wir sind gerade mit 20 Knoten unterwegs.«

»20 Knoten«, brüllten sie dann und legten los, unter Anfeuerung der Fanclubs, die sich mittlerweile gebildet hatten. Wer als Erster die richtige Anzahl Knoten in sein Seil geknotet hatte, hatte gewonnen. Unter den Passagieren wurden auch Wetten abgeschlossen, an deren Anzettelung ich nicht so ganz unschuldig war. Mein Favorit, Malte, hatte schon zweimal den Sieg davongetragen.

Es gab noch andere Bewältigungsstrategien. Der Tattoo-Artist erzählte mir, dass es seinen Kunden mittlerweile völlig egal sei, was genau er ihnen wohin auf den Körper oder ins Gesicht tätowierte, sie wollten durch den Schmerz beim Stechen nur etwas Ablenkung vom permanenten Gewackel spüren, das ihnen in den Kopf übergegangen war.

Ich selbst verbrachte, wenn ich nicht des Knotenspiels wegen auf Maltes Fersen war, große Teile meiner Zeit im Fitnessstudio. Dort ging ich gern an die Rudermaschine, schaltete im Fernseher vor mir die Frontkamera des Schiffs zu und bildete mir ein, ich selbst würde allein mit meiner unermüdlichen Muskelkraft das Schiff antreiben. Das motiviert richtig, ich kann's nur empfehlen.

Nach einigen Tagen dieser Routine befürchtete ich aber, meine neu auferstandenen Brustmuskeln könnten meine drei Hemden sprengen, die ich dabeihatte, also plante ich eine längere Erholungsphase ein, in der ich auch mal die Wellnessangebote des Schiffs erkunden wollte. In die Versuchung, die

Sauna aufzusuchen, war ich vorher überhaupt nicht gekommen, was mit der konstanten Außentemperatur von 35 Grad zusammenhängen könnte, die einen eigentlich nicht auf die Idee kommen lässt, sich freiwillig noch heißerer Luft auszusetzen, aber das bestechend einfache Gegenargument lautete, wie eigentlich immer: Die Sauna kostet nichts extra. Also machte ich mich, gehüllt nur in meinen weißen Bademantel, auf den beschwerlichen und wippenden Weg. Um die überraschend auftretenden Schwankungen des Bodens, die Seit- und Vorwärtshoppler des Schiffs bestmöglich auszugleichen, bewegte ich mich so breitbeinig wie möglich, also so breitbeinig, wie ein Alpha-Cis-Mann standardmäßig in der U-Bahn sitzt. Jedes Geländer und jede Wand zum Abstützen war ein Geschenk, und wenn ich mal ein paar Meter ohne Hilfestellung geradeaus gehen musste, breitete ich die Arme aus.

»Schau mal, Mama, der Mann spielt auch Flugzeug«, hörte ich eine Kinderstimme fiepsen.

»Aber nein, Ursula, der ist nur betrunken«, erklärte die Mutter. Womit sie nicht ganz falsch lag, ich hatte am Abend auftrittsfrei und es mir angewöhnt, an solchen Tagen dem Frühstückskaba einen kleinen Schuss hinzuzufügen. Man schwimmt halt mit dem Strom.

Ohne größere Zwischenfälle kam ich im Wellnessbereich an, in welchem zurückhaltende meditative Harfenmusik aus versteckten Boxen gespielt wurde. Das ist ja apart, dachte ich, sie haben sämtliche Handtücher auf dem Boden ausgelegt, wie einen großen, grünen Teppich. In Wahrheit hatte sie der Seegang aus ihren Regalen befördert. Ich legte meinen Mantel ab, überstieg das Handtuchmeer, schnappte mir ein beliebiges heraus und kam endlich am Ziel meiner Wellnessträume an: in der Panoramasauna mit Glasfront und üppigem

Ausblick auf den Ozean, der Oase der Entspannung, dem Refugium der Ruhe, das erstaunlicherweise sehr gut besucht war. Auf den Holzstufen angeordnet sah ich sicherlich vierzig vor Schweiß glänzende, stoisch dasitzende Menschen. Sie wirkten wie auf Hochglanz polierte Buddha-Statuen. Auf der Suche nach einem freien Platz ließ ich den Blick herumschweifen und dachte mir: Ja gut, hier ist auch nix, was ich nicht schon mal in schöner gesehen hab.

Das ist ja das Gute an der Sauna: Man zeigt, was man hat, und wenn das, was man hat, nicht so vorzeigbar ist, ist niemand enttäuscht. Weil es der absolute Normalfall ist. Die Sauna im gemischten Wellnessbereich ist der einzige Ort, an dem alle nackt sind, alle schwitzen, gelegentlich einer stöhnt und trotzdem keinerlei sexueller Vibe aufkommt. Die Sauna ist auch der einzige Ort, an dem man »Den Badeanzug solltest du besser ausziehen« sagen kann und einem das nicht als Belästigung ausgelegt wird, sondern als Nächstenliebe. Die Sauna kennt nur zwei Regeln: Haut wird gezeigt. Und die Haut darf nicht aufs Holz. Niemals.

Tagesaktuell fügte ich für mich selbst eine dritte Regel hinzu: nicht umfallen beim Versuch, das Stück freie Bank zu erreichen, das ich erspäht hatte. Das Schwanken des Schiffs war um einiges heftiger geworden, seit ich die Kabine verlassen hatte. Was aber außer mir niemandem Probleme zu bereiten schien. Ich setzte mich erfolgreich und merkte gleich: Das hier um mich herum ist der wirklich harte Kern. Diese Leute haben schon viel durchgemacht im Leben. Hauptsächlich Kreuzfahrten. Woher ich das wusste? Sie erzählten davon.

»Das bisschen Seegang«, brummte einer. »Das ist doch 'n Klacks. Wir als erfahrene Seebären sind doch einiges gewohnt.«

»Was genau ist denn Ihre Erfahrung?«, fragte ich.

»Rumliegen, essen, trinken, Landausflüge.«

»Ach so.«

»Das aber wirklich im professionellen Bereich. Seit 1992, ich war schon auf der *MS Deutschland*.«

»Mhm.«

»Dem *Traumschiff*!«

»Ach!«

»Da hatte ich auch 'ne Statistenrolle. Kann Ihnen gern 'ne Autogrammkarte geben später.«

»Unbedingt!«, sagte ich.

Ein Klacken in den Lautsprechern unterbrach uns. Kein gutes Zeichen. Wenn Durchsagen überall auf dem Schiff ausgespielt werden und nicht nur in den öffentlichen Außenbereichen, geht es meist um einen Notfall. Der Kreuzfahrtdirektor meldete sich und sagte durch, dass die für den Abend geplante Trapezshow im Theater leider ausfallen müsse, da es für die Luftakrobaten nicht sonderlich sicher sei herumzufliegen, während das Schiff unkontrolliert schaukele. Er dankte für unser Verständnis.

»Mein Verständnis ist, dass das ganz schöne Luschen sind«, kommentierte eine Frau am Rand.

»Keine Berufsehre, diese Akrobaten«, ergänzte ihr Mann und wandte sich an die schwitzende Allgemeinheit. »Das is ja goa nix hier gegen die Transatlantik-Cruise, die wir mal gemacht haben. Da ging das zwei Wochen lang so, das Gewackel. Ich bin im Bett eingeschlafen und in der Dusche aufgewacht, so hat's uns da hin und her geschleudert. Der Käpt'n hatte 'nen Eimer neben dem Steuerrad stehen und war drei Tage und Nächte grün im Gesicht. Und ich sag euch was: Trotzdem gab's Entertainmentprogramm. Die Sängerin haben sie auf der Bühne festgebunden auf ihrem Barhocker, damit sie sitzen bleibt, und den Hocker, den haben sie am Boden festgeschraubt. Dann hat die Seemannslieder gesungen, richtig schöne Seemannslieder, von Hans Albers. Gesungen ist gar keine Beschreibung, eher geschrien hat sie die. Das war ganz große Kunst!«

Damit war der Wettbewerb um die beste Kreuzfahrtanekdote eröffnet. Und alle machten mit.

»Wir konnten ja mal vor Monte Carlo nicht tendern wegen der Wellen, da ging's ganz schön rund, ging das, und ...«

»*La Paloma, adé, auf, Matrosen, ohé!*, so hat die gesungen.«

»Bei uns sind mal Piraten angerudert gekommen und haben uns geentert. Wussten wir erst gar nicht, was wir mit denen anstellen sollen. Der Kapitän hat sie dann ins *Atlantik Mediterran* ausgeführt, Sieben-Gänge-Menü! Dazu ordentlich Rum und nach dem Essen zusammen in den Whirlpool. Bademäntel hat er ihnen auch geschenkt. Die hatten 'nen guten Tag, die Piraten! Waren richtig happy. Sind dann freiwillig wieder abgestiegen.«

Meiner Meinung nach waren wir mittlerweile in bedenkliche Schieflage geraten, ich machte das unter anderem daran fest, dass die heißen Steine vom Aufgussofen rollten und man durch das Panoramafenster der Panoramasauna überhaupt kein Meerespanorama mehr sehen konnte, nur noch den Himmel. Es gab einen Rumms. Eine auf der oberen Sitzstufe im Liegen eingeschlafene Frau war über alle drei Stufen ganz nach unten gerollt. Die Wellnessgang reagierte angemessen: »Keine Haut auf Holz!«, rief einer.

»Ich hätte noch 'nen Eukalyptus-Menthol-Aufguss anzubieten. Hat jemand Interesse?«, fragte ein anderer.

Alle hoben die Hand. Der Mann wich auf dem Weg zum

Ofen den auf dem Boden verstreuten Saunasteinen und der sich wieder aufrappelnden Frau aus.

»Alles okay?«, fragte er.

»Ist schon Abendessenszeit?«, fragte sie zurück.

»Erst so in zwei Stunden.«

»Dann leg ich mich noch mal hin«, sagte sie und ging wieder nach oben.

Ich sah auf die Temperaturanzeige. 90 Grad.

»Wie lang sind Sie alle eigentlich schon hier drin?«, fragte ich und wurde ignoriert. Ich war es gut acht Minuten und schon nicht mehr in bester Schwitzkondition. Den Aufguss konnte ich mir aber nicht entgehen lassen, das wäre ja, wie die Oper zu verlassen, bevor der Tenor singt.

Unser privater Saunameister postierte sich in seiner ganzen Nacktheit breitbeinig am Ofen und ließ das fertig gemixte Menthol-Eukalyptus-Wasser direkt aus dem Saunaeimer auf die noch verbliebenen Steine fließen. Es zischte, Dampf stieg auf. Zeitgleich erhoben sich ganz links und ganz rechts außen zwei weitere Insassen, stützten sich am Panoramafenster ab und verwedelten mit ihren Handtüchern und der Propellertechnik die Luft. Es wirkte alles erschreckend gut eingespielt. Die Temperatur stieg schlagartig auf gefühlte 99 Grad.

»Angenehm«, hauchte einer.

»Wie viel zahlt ihr eigentlich alle für die Reise hier?«, startete ein anderer die nächste Diskussionsrunde. »Ich selbst hab da mal 'n bisschen verglichen und meinen inneren Sparfuchs von der Leine gelassen. Wir haben den Extremfrühbucherrabatt. Ich hab schon vor drei Jahren gebucht, vierzig Prozent Nachlass, weil wir noch nicht wussten, wo's hingeht. Außerdem war das Schiff noch gar nicht gebaut. War so 'ne

Sonderaktion. Dazu Innenkabine, selbstverständlich, wozu braucht man Fenster? Schlaf im Dunkeln sowieso besser. Wenn ich das Meer sehen will, geh ich an Deck oder in die Sauna, so einfach ist das. Und das Beste: Unsere Kabine wird im Moment renoviert. Hat man die Handwerker den halben Tag da, aber was soll man auch die ganze Zeit drinnen rumhocken? Noch mal fuffzig Prozent gespart. Dann hab ich mich als Aushilfskraft in der Küche registrieren lassen. Wenn da mal Not am Mann ist, rufen sie an. Wissen viele gar nicht, dass das geht. Rufbereitschaft rund um die Uhr, gut, aber als Bonus noch mal zwanzig Prozent auf den Reisepreis. Stellt euch das mal vor, zwanzig Prozent auf fuffzig Prozent von vierzig Prozent. Das ist nach Adam Riese ... weiß ich jetzt auch nicht so genau. Dazu mein todsicheres System beim Blackjack. Ich bin mir ziemlich sicher, dass ich hier am Ende mit ordentlich Plus rausgehe.«

Rausgehen, welch süße Idee, dachte ich. Aber ich bin noch immer der, der als Letztes reingekommen ist. Die Saunaehre verbietet mir das. Außerdem war ich von der Hitze nun so eingelullt und vollkommen davon ausgelastet, die Sturzbäche an Schweiß auf meinem Körper zu erspüren, dass ich die Bewegungen des Schiffs überhaupt nicht mehr wahrnahm. Ich schien einer von ihnen geworden zu sein, ein echter Kreuzfahrer.

»Wir sollten mal mit dem Käpt'n reden wegen der Akrobatikshow«, sagte ich wie von selbst in rauer Seemannsstimme vor mich hin. »Das geht ja mal gar nicht, die ausfallen zu lassen. Nur wegen dem lauen Lüftchen.«

73

Wie ich mal
eine Sauna baute

Drama in fünf Akten

I. Lieferung

»Was ist *das* denn?«

Ich stehe in der Scheune meines elterlichen Bauernhofs und schaue auf ein eingeschweißtes Ungetüm aus Balken, Brettern und Bohlen. Es ist mindestens vier Meter lang und halb so hoch und breit.

»Ich fürchte«, sagt mein Bruder, »*das* ist deine Sauna.«

Es macht's nicht besser, dass es jemand ausgesprochen hat. Denn die Befürchtung habe ich auch. Ich bin jetzt Saunabesitzer.

Während des Coronajahres 2020 habe ich mir eine Ferienwohnung in der alten Heimat eingerichtet, weil ich merkte, dass mir in einem eingeschlossenen Berlin ohne nervige Touristen auf E-Rollern noch schneller die Decke auf den Kopf fiel als in einem Berlin mit alldem. Da konnte man sich wenigstens darüber aufregen und hatte immer was zu tun. Plötzlich hatte ich nichts mehr zu tun. Ersatz musste her, und auf meinem »Landsitz« gab es immer was zu tun.

Als i-Tüpfelchen auf meiner ostwestfälischen Teilzeitresidenz habe ich mir zum Beginn des nächsten Lockdowns im Internet eine Sauna bestellt. Denn das Saunieren hatte ich im Winter 2020/2021 wirklich schmerzlich vermisst. Ich folgte damit dem alten finnischen Sprichwort: »Wenn der Prophet nicht in die Sauna kommt, muss die Sauna eben zum Propheten kommen.« Es kam aber keine Sauna zum Propheten, sondern ein Berg. Ein Berg Holz.

»Sagtest du nicht, die würde als Bausatz geliefert?«, fragt mein Bruder.

Ja, das sagte ich. Bei »Bausatz« hatte ich allerdings an vormontierte Bauteile gedacht: Boden, vier Wände, Zwischenwand, Fenster, Tür, Dach, zwei Liegen, zwei Kopfstützen. Ein paar Schrauben in die Ecken, Saunaofen aufgestellt, zack, fertig. Dies ist das Haus zum Schweiß tropf raus, fertig ist das Saunahaus!

Aber das hier ist anders. Das hier sind Myriaden von Einzelteilen. Da ist kein einziges Brett auf dem anderen – also doch schon, aber lediglich gestapelt. Das hier ist Lego für Erwachsene. Gäbe es Faltschachteln in vier Metern Länge, könnte man dieses Gebinde so reinpacken, das rote Lego-Quadrat über das hübsche Bild aus dem Onlinekatalog pappen und danebenschreiben: »Gartensauna Orchidea. 3.000 Teile.«

»Gartensauna Orchidea«, ich denke verträumt zurück an das Bild im Internet. Mit Panoramafenster zum In-die-Landschaft-Schauen. Ich hoffe, dass wenigstens das Fenster komplett dabei ist und nicht zwei Säcke mit Quarzsand und eine Backanleitung.

Tatsächlich steht irgendwo mit Edding »Orchida« auf die weiße Folie gekritzelt.

»Sie heißt *Orchidea*«, kläre ich meinen Bruder auf.

»Ach.« Er zieht die Augenbrauen hoch. »Und ich hätte auf *Sturmschaden* getippt.«

Er hat das Recht, maulig zu sein, denn er hat versprochen, mir beim Aufbauen zu helfen.

»Na ja, sie muss halt noch ... *aufblühen*«, versuche ich, die Metapher zu retten.

»Dieses Holz ist mausetot«, sagt mein Bruder. »Da blüht nix mehr.«

II. Ressourcenknappheit

Ich unterziehe das Folienpaket einer eingehenden Inspektion. Ich vermisse den mitbestellten Saunaofen und die dazugehörige Elektrik. Eine Sauna ohne Ofen ist irgendwie uncool, beziehungsweise genau das: viel zu cool.

Ich rufe den Kundendienst an. In der Warteschleife singen *2raumwohnung* »36 Grad und es wird noch heißer«, doch ich werde schon bei 39 Grad zu einem Mitarbeiter durchgestellt: »Ach ja, ich sehe hier gerade: Der Ofen ist tatsächlich nicht mitgeliefert worden.«

»Ja, deshalb rufe ich ja an. Schön, dass unsere Wahrnehmungen kongruent sind.«

»Wie bitte? Kongo...*was?*«

»Egal. Und wann kommt der Saunaofen?«

»Der ist zurzeit nicht lieferbar.«

»Ach! Und wann hatten Sie vor, mir das mitzuteilen?«

»Keine Ahnung. Das hätte der Vertrieb machen müssen. Vielen Dank, dass Sie uns informiert haben.«

»Moment, und wann ist er wieder lieferbar?«

»Also laut Hersteller im November.«

»Aber wir haben Anfang März. So lange will ich eigentlich nicht warten!«

»Na ja, es gab eine riesige Nachfrage, und der finnische Hersteller kommt mit der Produktion einfach nicht hinterher.«

»Aber was soll ich denn ein halbes Jahr mit einer Gartensauna ohne Ofen?«

»Na ja.« Er überlegt. »Sie könnten Ihren Rasenmäher drin parken.«

In den folgenden Wochen verbringe ich viel Zeit auf Internetseiten für Saunabedarf. Ich bin erstaunt, wie viele es davon gibt. Sie alle eint: Zwei Drittel der Produkte sind entweder »ausverkauft« oder »aktuell nicht lieferbar«. Das dritte Drittel ist unbezahlbar. Schuld sei die Pandemie, lese ich in einem Blog. Viele Garten- und Eigenheimbesitzer hätten die unverhofft freie Zeit in den Lockdowns tatkräftig genutzt. Und wer gerade seinen Keller ordentlich leer entrümpelt hat, will den ja auch wieder füllen. Und wer plötzlich Unmengen an Freizeit im Garten verbringt, während die Stammsauna zu hat, kommt halt auf Ideen. Mit anderen Worten: Mit Beginn der Corona-Pandemie wurden Saunaöfen so etwas wie das Klopapier der Wellnessfreaks.

Bei einem Hersteller ergattere ich dann doch noch einen Saunaofen, der mir überraschend schnell geliefert wird. Der Paketbote stöhnt, als er den Karton mit den Saunasteinen aus seinem Fahrzeug wuchtet. »Was ist denn *da* drin?«, schnaubt er wütend. »Steine?«

»Äh, ja, genau«, sage ich. »Steine.« Und ziehe schnell meine Füße weg, bevor er das Paket drauffallen lassen kann.

Im Lieferschein ist vermerkt, dass die mitbestellte elektrische Steuerung zurzeit leider nicht lieferbar sei. In der Warteschleife läuft hier »Dein Schweiß« von Sven Väth. Oh Gott! Neunzigerjahretechnotrash. Der Kundendienst erklärt mir am Telefon, dass der finnische Hersteller gerade mit der Produktion ... »Ja, ja«, unterbreche ich ihn. »Kenne ich schon. Storno.«

Der dritte Anbieter (Warteschleife: Sandra, »In the Heat of

the Night«) liefert die Saunasteuerung, allerdings sei das hitzefeste Silikonkabel gerade aus, das werde in drei Wochen ...

III. Rohbau

In heimwerklichen Angelegenheiten lasse ich mich seit Jahren von drei Prinzipien leiten:

1. Man wächst mit seinen Aufgaben. Wenn ich vorher darüber nachdenken würde, was mich später erwartet, würde ich gar nicht erst anfangen. Es hat sich daher in meinem Leben immer wieder gelohnt, Probleme so lange zu ignorieren, bis sie eintreten, um sie dann konstruktiv zu lösen. Ein Prinzip, das man tunlichst nicht auf den zwischenmenschlichen Umgang übertragen sollte, aber beim Heimwerken funktioniert es erstaunlich gut.

2. Was nicht passt, wird passend gemacht. Mit ein bisschen Geschick, Improvisationstalent, Mut und einer Oszillationssäge überwindet man erstaunliche Hindernisse.

3. Better call Moritz. Ich besitze weder viel Geschick, Improvisationstalent, Mut noch eine Oszillationssäge. Doch dafür hat man Freunde. Mein alter Freund Moritz ist ein laufender Werkzeugkasten von einem Mann. Er weiß sogar, was eine Oszillationssäge ist, weil er eine besitzt und dieses Wundermultitool auch sehr gerne vorführt. Moritz ist auch so ein Wundermultitool. Ich bin froh, dass ich ihn kenne. Er wird meinen Bruder und mich beim Aufbau unterstützen.

Als Erstes, beschließt er, sortieren wir unseren Lego-Bausatz. Danach sieht der Rasen aus, als sei Goliath auf eine Partie Mikado im Teutoburger Wald vorbeigekommen. Ich bin völlig entmutigt, aber Moritz liest von seinem Klemmbrett ab, dass laut Verzeichnis in der Bauanleitung (Polnisch-Englisch-Deutsch) alle Teile vollständig anwesend seien, und der

Stapel da vorne, er deutet auf einen Extrahaufen am Garten-
zaun, bestehe aus alldem, was sonst noch im Paket gewesen
sei. Da müssten wir mal sehen.

Dann fangen wir an und müssen schon kurz nach der
Grundholzlegung meine Heimwerkerprinzipien 1 und 2
zur Anwendung bringen, denn die Bodenbalken, auf die wir
aufbauen, sind nicht alle ganz gerade. »Das zieht sich«, sagt
Moritz und ahnt noch nicht, dass das zum geflügelten Wort
dieser Tage werden soll. Zwischen die Balken sollen passend
vormontiere Bodenplatten eingelassen werden.

»Steht da wirklich ›passend vormontiert‹ in der Anleitung?«, fragt Moritz.

»Na ja. ›Fügen vormontiert Bodenplate pasend rein‹. Das ist
grammatikalisch nicht ganz eindeutig«, sage ich.

»Kann man auch so deuten, dass für das Einpassen wir
selbst zuständig sind.« Während Moritz dies sagt, hüpft er
auf der ersten Bodenplatte herum und stampft sie auf diesem
Wege exakt ein. Wo rohe Gewalt allein nicht mehr hilft, sekun-
dieren ihr Hammer, Hobel und Säge.

»Herrgott, wie kann man sauber vorgeschnittene Bodenplatten nur so schief zusammendengeln?!«, flucht mein Bruder. Die Antwort auf diese Frage klappert verdächtig in der
nächsten Bodenplatte. Ich bin mir sicher: Würden wir sie öffnen, käme uns eine leere Flasche Grasovka entgegen.

»Wo soll eigentlich der Stromanschluss hin?«, fragt Moritz.

»Äh«, sage ich und blättere hilflos in der Bauanleitung.

Flashback: Ich erinnere mich mit Grausen daran, wie mein
Bruder und ich das Kabel zum Saunaplatz verlegt haben. Es
war Januar, es war nass, es war kalt, der Lehmboden pappte
sich zu zentimeterdicken Placken unter den Gummistiefeln

zusammen. Mit diesen Plateausohlen wär' ich in jeden Berliner Technoclub gekommen und dort gegen alle Türrahmen gerannt.

Was nicht klebriger Lehm war, war Stein. Mein Bruder meinte, nach DIN-Norm müssten Elektrokabel 60 Zentimeter tief vergraben werden. Nach einem Tag des Schuftens beschlossen wir, dass eine Gummistiefeltiefe der DIN-Norm absolut entspricht. Ich hab *sehr* lange Unterschenkel. Zwei Tage lang konnte ich mich anschließend vor Rückenschmerzen nicht bewegen.

»Geh doch in die Sauna«, schlug mein Bruder vor und lachte.

»Äh«, sage ich also und schaue in die Bauanleitung. Da steht nix von Anschlüssen. Laut Anleitung heizt der Ofen qua Existenz. Wir improvisieren, bohren Löcher, verlegen ein Leerrohr, um das Kabel später einzuziehen, denn, wir erinnern uns, das ist ja grad nicht lieferbar. Funfact: Diese Aktion sollte dann fast scheitern. Dass ich heute doch in meiner Gartensauna bei 90 Grad saunieren kann, verdanke ich im Grunde nur einer Tube Gleitgel in meinem Kulturbeutel.

Das Hochbauprinzip der Sauna ist einfach. Es gibt ein Ständerwerk aus sechs quadratischen Ständern für die vier Ecken und zwei für die Trennwand in der Mitte zwischen Vorraum und Sauna. Die Ständer haben Nuten, in die man die Federn der dicken Wandbohlen ... *reinmacht* (ich glaube, das ist der korrekte Fachbegriff dafür). Im Optimalfall ergibt sich auf die Weise ein rechter Winkel. Im Optimalfall. Doch diese Orchidea ist kein Optimalfall, sondern ein altes, knorriges, widerspenstiges Gewächs.

»Macht nichts«, sagt Moritz. »Ist halt so. Holz arbeitet.«

»Mag ja sein«, fluche ich. »Aber wieso arbeitet es *gegen* uns? Es könnte ruhig mal *mitarbeiten*.«

Einer der Mittelständer, wo drei Wände in zwei rechten Winkeln zusammentreffen, hat die Form einer Spirellinudel. »Oh«, sagt Moritz. »Hat deine Gartensauna irgendwo eine Wendeltreppe?«

Und ich denke plötzlich nur noch: »Schweinepizza.«

»Was hast du gesagt?«, fragt Moritz. Offensichtlich habe ich es nicht nur gedacht.

So hieß eine Pizza in der Rockkneipe *Waldquelle* in Bielefeld-Quelle, wo ich vor dreißig Jahren gerne zu Billard, Bier und Pizza einkehrte. Mysteriöses Highlight der vom Koch handgeschriebenen Karte war stets die »Schweinepizza« – O-Ton: »mit allem, was grad so rumliecht«. So ist meine Sauna. Und ich sehe die Szene vor mir, wie der Vertriebsleiter der polnischen Holzverarbeitungsfirma zum Azubi sagte: »Du, Pawel, wir haben ja alle Liefertermine wegen Holzknappheit gerade auf ein halbes Jahr verlängert, aber wir haben hier noch genau eine offene Bestellung für eine Gartensauna Orchidea, und der Kunde moppert schon. Guck mal auf dem Hof, ob du noch genügend Material für einen Bausatz zusammenkriegst. Hier ist die Liste. Und schau auch ruhig beim Ausschuss und Sperrmüll, vielleicht ist da noch was bei.«

Meine Sauna: eine Schweinepizza der Schwitzkultur.

»Denkfehler«, korrigiert mich Moritz. »Die Schweinepizza war die teuerste Pizza auf der Karte. Dir haben sie nur das Billigste mitgegeben.«

Ich weine.

»Ach, das zieht sich«, versucht mich Moritz zu beruhigen. Aber er klingt nicht sehr überzeugt.

Mein Bruder sagt, er habe mal gelesen, dass die Sohlen harter, Blasen verursachender Wanderschuhe weicher werden, wenn man einmal reinpinkele, vielleicht funktioniere das ja auch bei Bauholz ...

»Untersteh dich!«, fahre ich ihn an. »Niemand pinkelt in meine Sauna!« Wütend kloppe ich zwei Bretter in die Holzspirelli. Ich wusste gar nicht, dass ein Neunziggradwinkel so spitz sein kann.

»Dieses Brett ist zu kurz«, sagt Moritz später.

»Das zieht sich«, sage ich.

»Was sich zieht, ist dieser Bau«, sagt Moritz.

»Und da kann man nichts mehr machen bei dem Brett?«, frage ich.

»Nein.«

»Aber ich dachte immer, Bauholz ist ein nachwachsender Rohstoff.«

»Das ist anders gemeint.«

So hobeln, hämmern, fluchen und kloppen wir uns durch den Tag. Unsere Anweisungen beziehen sich nur noch auf Bauteile: »Hier muss E2 auf E3 mit F6 geschlagen werden.« Es klingt nach Schach. Am Abend fallen wir um wie die Bauern. Doch die Sauna wächst mit unseren Aufgaben. Und je länger der Bau sich zieht, desto mehr zieht sich der Bau in rechte Winkel hinein. Es scheint, als hätten wir das Holz zur Mitarbeit überredet.

IV. Finale

Drei Tage, ein paar Innenausbauschritte und zwei Außenanstriche später ist sie fertig. Die Gartensauna Orchidea trägt blau-weiß, ist wunderschön und funktioniert. Glücklich sitze ich auf der Saunabank, höre dem knisternden Ofen zu und schaue raus ins Panorama des Teutoburger Waldes. Das Panorama des Teutoburger Waldes besteht aus tief hängenden Regenwolken. Nun klatscht der Regen so richtig an die Scheibe. Das macht es drinnen nur noch heimeliger. Es hat 90 Grad, der Schweiß läuft in Bächen meinen Körper herab, selbst die Sauna schwitzt solidarisch mit, Schweiß quillt in Bächen aus ihrem Holz ... Moment mal, ist das Fenster etwa nicht dicht?

Mein Saunagang endet damit, dass ich nackt mit meinem Badehandtuch bewaffnet über den Holzboden robbe und verzweifelt versuche, die Wasserpfützen wegzuwischen.

V. Google-Rezension

»Die Gartensauna Orchidea ist gut aufgeteilt, optisch ansprechend und eine kostengünstige Selbstbausauna. Die Produktbeschreibung könnte erwähnen, *wie sehr* sie zum Selbstbauen ist. Zwar ist von erforderlichem handwerklichem Geschick die Rede, nicht aber von der noch viel dringender benötigten Improvisationsgabe und Frustrationstoleranz. Einige überzählige Holzteile konnten erfolgreich als Beißhölzer eingesetzt werden. Von einigen Nuten, Federn und Zentimetern abgesehen, war der Bausatz vollzählig, auch die Bauanleitung stimmte halbwegs. Deutsche Übersetzung in Teilegroß richtig gepasst. Dem Hersteller möchte man ein genormtes Metermaß, einen Augenoptiker und Alkoholabstinenz am Arbeitsplatz anempfehlen.

Positiv hervorzuheben ist, dass keines der gelieferten Materialien in einem so schlechten Zustand war, dass es sich nicht mittels Improvisation, Mut, Verzweiflung, Gewalt oder einer Oszillationssäge verbauen ließ.

Die Anlieferung erfolgte mit tolerablen sechs Wochen

Verzögerung. In der Warteschleife des Händlers verbrachte man erfreulich wenig Zeit, die Mitarbeiter im Kundenservice waren stets bemüht und entschuldigten sich wiederholt und geübt aufrichtig.

Das Panoramafenster ist nicht nur ein schöner Hingucker, sondern auch ein schöner Rausgucker und konnte mittels einer (nicht im Lieferumfang enthaltenen) Kartusche Silikon sogar abgedichtet werden.

Das Beste, was man über das Produkt Gartensauna Orchidea sagen kann, ist, dass das Preis-Leistungs-Verhältnis hervorragend aufgeht. Für einen vergleichsweise geringen Preis erhält man eine daran optimal angepasste Leistung. Es erstaunt daher, dass der Verkaufspreis der Gartensauna Orchidea zwischenzeitlich um fünfzig Prozent erhöht wurde.

Ich kann das Produkt daher vorbehaltlos jedem Menschen empfehlen, der masochistische Adern und eine Oszillationssäge besitzt.«

Saunaglück in Suomi

Gastbeitrag
von Bernd Gieseking

August. Es ist ein Sommer voller Rekordtemperaturen in Deutschland. Ich liege in größter Hitze fast allein draußen im Freien in der Stadtpark Sauna Hannover *und denke zurück an das späte Frühjahr, an meine letzte Reise, im April nach Finnland.*

Der Finne hat im Gegensatz zu uns die Saunasehnsucht in der DNA. In Suomi, so heißt das Land auf Finnisch, ist ganzjährig und vor allem ganztägig Saunatime. Die Finnen sind manische Schwitzer! Und sie haben die größte Saunalandschaft der Welt. Auf 5,5 Millionen Finnen kommen mehr als 3 Millionen Saunen. Tampere wirbt damit, die Saunahauptstadt der Welt zu sein, weil die Region über mehr als 50 öffentliche Saunen verfügt, die ganzjährig sehr gut gefüllt und besucht sind. Unsere Saunen sind eigentlich erst ab Herbst und nur bis zum späten Frühjahr stark frequentiert. Und das ist schade, ein »Kulturfehler«. Die Sauna dort ist Schwitzbad und Meditationsraum in einem, ist Gesundheitsvorsorge und Seelenfutter. Ein finnisches Sprichwort sagt: »Die Sauna ist die Apotheke des kleinen Mannes.«

Der Besuch des Schwitzbades erfüllt die Finnen mit Glück, mit Zufriedenheit. Der Dokumentarfilm *Nackte Männer, nackte Wahrheiten*, im Original *Miesten Vuoro*, von 2010, zeigt, wie der sonst so stumme Finne in der heimeligen Wärme der Sauna sich öffnet, sich mitteilt und sogar gefühlig wird. Die

Sauna ersetzt dem Finnen quasi die Therapeutencouch. Am schönsten klingt der englische Filmtitel: *Steam of Life*.

Finnland ist, Stand 2022, zum fünften Mal in Folge Glücksweltmeister, nicht zuletzt weil die Finnen regelmäßig zum *mökki* fahren, zum Sommerhäuschen, auch im Winter, meist am See gelegen, und dort, aber nicht nur dort, sondern auch zu Hause, geht es zu jeder Tages- und Nachtzeit in die Sauna.

Meine Lieblingssauna in Finnland ist in Rauhaniemi, einem Stadtteil von Tampere: *Rauhaniemen kansankylpylä*, gebaut 1929. An der Wand dort las ich bei meinem ersten Besuch ein Schild, das ich seither bei jeder Reise wie einen Altar besuche! Dort steht: »*Älä mene yksin avantoon!*« Auf Deutsch: »Nie allein ins Eisloch.« »Don't swim alone in winter.« Es war seither mein absoluter Lebenstraum: Einmal im Winter in ein Eisloch in einem finnischen See oder Fluss steigen. Ich kam stets im Sommer. Nun aber war es so weit: Ich bereise Finnland jährlich und schreibe auch darüber. Drei Bücher sind entstanden. Nun war ich mit diesen Büchern auf Lesereise in Finnland, eingeladen vom *SSYL, Suomi-Saksa Yhdistysten Liitto Ry*, dem Verband der finnisch-deutschen Vereine. Meine Bilanz: 11 Tage, 9 Auftritte, 5 Saunen und 2 Eislöcher! Als ich ankam, lagen in Helsinki noch Schneereste auf den Gehwegen, im Hafen schwammen letzte Eisschollen. Im Norden aber, in Rovaniemi, waren der Kemijoki und bei Savonlinna der Saimaa-See noch komplett vereist.

Meine Tournee startete in Rovaniemi. Ich flog zum Polarkreis und landete am »offiziellen Flughafen des Weihnachtsmannes«. Am Abend hatte ich meine erste Lesung. Am nächsten Morgen wollte ich zum ersten Mal ins Eisloch. Nach meinem Auftritt saßen wir in großer Runde mit Freunden und Verbandsmitgliedern und ich bekam Tipps. Eero hatte gesagt: »Zum ersten Mal ins Eisloch? Das wird dir gefallen!« Teija hatte mich ernst gefragt: »Überleg es dir. Du willst das wirklich?« Peter riet mir: »Nicht nachdenken. Einfach reingehen. Wenn du nachdenkst, ist es zu spät. Und setz dir eine Mütze auf.«

Nun stand ich am Ufer des Kemijoki. Ulrike, eine Hessin in Finnland und langjährige Freundin, hatte mich hergefahren. Ich schaute über den zugefrorenen Fluss, der breit zwischen unserem Ufer und der Skyline von Rovaniemi gegenüber lag. In Deutschland brachen die ersten Knospen auf, hier lag noch Schnee auf dem vereisten Gewässer. Die Sonne strahlte. Ein Bohlenweg war mit Kunstrasen belegt und führte zur Treppe, die ins Wasser ragte. Dort war das Eisloch. Sauber ausgesägt. In Herzform! Eine Umwälzpumpe verhinderte das erneute Vereisen. Wieder ein Schild: Die Pumpe solle man ausstellen, wenn man hineinsteigt.

Hier war nur das Eisloch, sonst nichts. Weit und breit keine Sauna, in der man sich anschließend wärmen könnte. Aber: Ein Mann muss tun, was ein Mann tun muss. Niemand war hier außer Ulrike. Sie stand parat mit ihrem Handy für das Beweisfoto. Sie lebt hier. Für sie ist so etwas kalter Kaffee. Für mich war es der Moment der Wahrheit. Vor mir lag eins der wenigen Dinge, die ich auf meiner ewigen To-do-Liste noch nicht abgehakt hatte. Einmal in Finnland ins Eisloch!

Ich zog mich aus, hängte die Klamotten über das Holzgeländer, zog die Badehose an, setzte die Wollmütze auf, blinzelte in die Sonne, schaute zur Stadt und ging los.

Ich dachte an Peters Worte, der gesagt hatte: »Nicht nachdenken!« Ich ging nicht, ich stapfte barfuß über den Kunstrasenweg. Ich fühlte mich wie Charles Bronson in *Spiel mir das Lied vom Tod* auf dem Weg zum letzten Duell. Das Eisloch im Kemijoki war mein Sweetwater, die erträumte Stadt. Ich atmete, als würde ich Mundharmonika spielen. Statt Henry Fonda als Gangster Frank wartete in kühler Gelassenheit das Wasser auf mich! Ich hielt beeindruckt inne. Das war der Moment, auf den ich mich seit Jahren freute? Immerhin sah alles toll aus. Am Himmel die Sonne, vor mir das mit glitzerndem Schnee bedeckte Eis, darin die kleine, leicht schaukelnde Wasseroberfläche. Eigentlich mag ich Kälte. Ich war früher Achtersteuermann gewesen. Ich saß damals frierend im Heck, die Steuerleine in den klammen Händen, während meine acht Ruderer schwitzten. Seitdem friere ich nicht mehr.

Ich stieg langsam die Stufen hinab und starrte auf das dunkle Wasser, das von gleißendem Schnee umrahmt war. Ich setzte vorsichtig den ersten Fuß ins Wasser. Donner, was kalt! Der zweite. Das Knie. Das Bein. Die empfindlichste Stelle des Mannes. »Nicht nachdenken!«, flüsterte ich mir zu. Ich ging weiter. Der Bauch. Die letzte Treppenstufe. Ich suchte mit den Füßen nach Halt und spürte Felsen unter meinen Fußsohlen. Ich war drin! Ich hockte mich bis zum Hals hin, tastete aber sofort nach dem Geländer. Sicher ist sicher. Außerdem hatte ich vergessen, die Umwälzanlage auszustellen. Ich drehte mich, schaute zur Stadt, dann zu Ulrike. Die reckte den Daumen hoch. Ich auch.

Ich ging wieder raus. Die Sonne strahlte. Der Körper wurde wieder warm. Ich war absolut beglückt. Euphorisch.

Ulrike rief: »Super. Ich habe einen Film gedreht.«

Ich hatte das Handtuch schon in der Hand. Ich stutzte: »Ich brauche aber ein Foto. Zum Angeben. Für Facebook!«

»Oh!«, sagte sie leise.

Ich rief, ohne nachzudenken: »Kein Problem. Ich geh noch mal rein!«

Nun hatte ich auch ihren Respekt! Es war herrlich, es war arschkalt, aber ich spürte den Ruhm, den mir dieser Moment im Freundes- und Bekanntenkreis bringen würde. Jedenfalls in dem außerhalb Finnlands.

Am Abend ging ich mit Markku und Peter zu meinem ersten Saunagang. Ulrike hatte mit ihnen gesprochen. Stumm schlugen sie mir auf die Schulter, als wir uns in die Hitze setzten. Ich war nun einer der ihren.

Drei Tage später gastierte ich in Tampere und ging dort am Nachmittag in meine oben schon benannte Lieblingssauna. Auch hier gab es ein Eisloch. Die vierte Sauna auf dieser Reise und mein zweites Eisloch. Hier allerdings geht man nach dem Tauchbad in 112 Grad heiße Hitze – und ich konnte den nächsten Aufguss kaum erwarten. *Hyvä. Tossi hyvä.* Gut. Wirklich gut.

Jetzt auf der Liegewiese in Hannover geht mir all das durch den Kopf. Ich stehe auf, gehe in die Sauna, mache einen Aufguss und lege mich auf eine Bank. Meine Gedanken wandern wieder nach Finnland. Zwei Jahre hatte ich wegen Corona nicht nach Finnland reisen können. Im Jahr davor hatte ich recherchiert für mein Buch »Finne dein Glück! Eine Spurensuche im Land der Mitternachtssonne«. Von Helsinki war ich Richtung Norden gefahren, bis hoch nach Inari. Unter anderem wollte ich in Kuopio endlich eine legendäre Rauchsauna besuchen, die savusauna. Es gibt nur noch wenige im Land. Ich liege, schwitze und schaue meine damalige Reise als Kopfkino:

Ich lande in Helsinki an, und mein erster Weg führt mich zu Pirkko und Günter, Freunde aus Kassel, zu ihrem Mökki am Saimaa-See, nah am Städtchen Sulkava. Ein Muss auf jeder Finnlandreise. Hier warten jedes Mal wunderbare Stunden mit Freunden am See.

Ich werde herzlich begrüßt, und Pirkko serviert Kaffee und Blaubeerkuchen. Günter hat die Sauna schon angeheizt.

»Wollen wir?«, fragt er.

Ich nicke.

In diesem Moment sagt Pirkko feierlich: »Bernd, obwohl du nun schon so lange nach Finnland reist, fehlt dir immer noch etwas sehr, sehr Wichtiges für die Sauna.«

Dann überreicht sie mir lächelnd eine Saunamütze aus Filz. In Finnland ist es durchaus üblich, mit »Mütze« in die Sauna zu gehen. Gegen die Hitze, heißt es dann. Ich weiß noch, wie konsterniert ich war, als ich in Tampere vor Jahren zum ersten Mal Menschen mit Filzmützen im Schwitzbad sah.

Ich bin gerührt und umarme Pirkko. Stolz werde ich meine eigene von nun an tragen. Mein glattrasierter Schädel wird dankbar sein für diesen gefilzten Hitzeschild. Ich ziehe mich um und gehe zu Günter in die Sauna, erstmals und nur mit Filzhut bekleidet.

Ich war seit meinem letzten Finnlandbesuch in keiner Sauna mehr. Wir wechseln von Schweigen zu Schwitzen und kleinem Austausch. Günter bleibt länger drin als ich. Ich springe zum Abkühlen in den Saimaa-See.

Ich steige aus dem Wasser und tropfe. Auf der Bank am Steg liegt mein Handy neben dem Handtuch. Den ganzen Tag schon hatte ich so ein seltsames, irgendwie historisches Gefühl. So als stünde Großes bevor. Als hätte ich geahnt, dass es ein geschichtsträchtiger Tag für Europa werden könnte. Als Kabarettist, als Chronist, muss ich auch unterwegs einigermaßen auf dem Laufenden bleiben.

Nun drücke ich ganz harmlos und mit etwas Übermut auf die Taste meines Handys. In Finnland kennt man keine Netzprobleme. Selbst am einsamsten Punkt Lapplands ist Empfang. Auch hier am See. Ich starre auf den Bildschirm. Bitte? Ursula von der Leyen soll – ganz unvermittelt – Präsidentin der Europäischen Kommission werden! Die erste Frau in diesem Amt. Ich atme schwer. Wer rechnet denn mit so was mitten im finnischen Wald!?

Ich bin geschockt. In so einer Situation hilft nur Alkohol. Von meinen Gastgebern ist grad nichts zu sehen. Ihr Grundstück ist weitläufig. Vielleicht reiten die beiden grad ihre Außengrenzen ab. Womöglich sind sie just auf der Westweide. Ich aber brauche Trost von König Alkohol. Ein finnisches *Lapin Kulta*, »Lappländisches Gold«, Bier aus Lappland. Allerdings bin ich Ostwestfale, also höflich, schweigsam und vor allem: zurückhaltend. Ich warte normalerweise, bis man mir etwas anbietet. Nun werde ich fast unhöflich, aber zum Glück ist von meinen Gastgebern weit und breit nichts zu sehen. Und ich hoffe, sie zählen ihre Bierdosen nicht nach.

Ich gehe zum Kühlschrank und hole mir ein Bier. Mit meinem Kaltgetränk – *olut,* Bier – gehe ich zurück in die Sauna. Ich setze mich auf die mittlere Bank und schwitze und trinke. Wer soll denn nun Bundesverteidigungsminister werden? Friedrich Merz etwa? Mein Bier ist plötzlich leer. Ich gehe raus, hinunter zum See. Dort liegt noch mein Handtuch, darauf das Handy. Mir schießt durch den Kopf: Bin ich etwa nackt bei meinen Gastgebern in der Küche am Kühlschrank gewesen?

Ich will sofort wieder in den See, in die tröstende Kälte des Wassers. Aber ich kann nicht widerstehen. Ich drücke erneut auf die Handytaste. Annegret Kramp-Karrenbauer wird die neue Verteidigungsministerin. AKK. Ich wickele mir das Handtuch um die Hüften, gehe diesmal sicher bekleidet zum Kühlschrank und hole mir noch ein Bier.

Ich habe ab jetzt echte Angst und traue mich, keinen weiteren Saunagang zu machen. Wer weiß, was in der Welt noch passiert, während ich hier ganz harmlos schwitze! Es sollte bis Kuopio dauern, bis ich mich wieder in die Sauna wagte.

Jetzt, in Hannover liegend, spule ich in meinem Film vor bis dorthin, zum Kylpylähotelli Rauhalahti – *Spa Hotel Rauhalahti, Friedensbucht –, ein paar Kilometer südlich der Innenstadt von Kuopio:*

Auf einer kleinen Halbinsel steht die *savusauna*, die Rauchsauna, wegen der ich hauptsächlich gekommen bin. Rauchsaunen sollen angeblich deshalb so selten sein, weil sie alle paar Jahre abbrennen. Vor allem sind sie aufwendig zu betreiben. Eine Rauchsauna hat keinen Schornstein, keinen Abzug im Gebäude. Über Stunden wird hier mit Holz geheizt, ohne dass der Rauch abziehen kann. Rauch steht im Raum und leichter Ruß dringt in alle Ecken und Ritzen, setzt sich auf jede Fläche, auf Boden und Bänke. Erst kurz vor Öffnung der Sauna werden Luftklappen kurz geöffnet, ein paar Aufgüsse gemacht, und schon verzieht sich der Rauch. Der Ruß und der frische Geruch des Feuers, von verbranntem Holz, bleiben.

Ich kannte diese ursprüngliche Art der Sauna noch gar nicht, Freunde hatten mir davon erzählt. Ich gehe in die Umkleide. Verschwitzte Männer kommen mir entgegen. Ich wundere mich über die seltsamen Hautveränderungen eines der Finnen. Er dreht mir den Rücken zu. Eine seltsame schwarze Pigmentierung überzieht in einem breiten Streifen seine Schultern. Ein anderer hat eine ähnliche Hautveränderung am Oberarm. Bei einem dritten entdecke ich das über der Hüfte. Dann wird es mir mit einem Schlag klar: Rauchsauna! Sie haben sich lediglich auf die rußigen Bänke gesetzt.

Das mache ich nun auch. Ich betrete den dunklen Raum, werde umfangen von beinah stechendem Geruch nach verbranntem Holz.

Man hatte mir geraten, nicht sofort nach Öffnung der Sauna um 14 Uhr hineinzugehen. Ich solle mir Zeit lassen, damit schon ein Teil der Hitze würde entweichen können. Für einen Anfänger sei die *savusauna* eine echte Herausforderung.

Es ist 16 Uhr, und ich setze mich auf eine Saunabank. Vor dem Eingang der *savusauna* hängen die Verhaltensmaßregeln in drei Sprachen, auf Finnisch, Englisch und Russisch. Je weiter nördlich man kommt, umso weniger rechnet man anscheinend mit Deutschen. Ich hatte das Schild gelesen und gedacht: Zum Teil ist das sicher reine Vorsicht gegenüber den Deutschen nach den Erfahrungen aus dem Lapplandkrieg. Seit dieser Zeit heißen wir bei einigen Finnen bis heute »Lapplandverbrenner«.

In den Verhaltensmaßregeln draußen steht, dass man nur eine Kelle Wasser zum Aufguss – *löyly,* Vorsicht mit der Zunge beim Sprechen! – auf die Steine werfen soll und dass man sich grundsätzlich wegen der Aufgüsse mit den anderen Saunagästen absprechen soll. Der Finne redet bekanntlich nicht viel, also spricht er sich auch hier mit niemandem ab. Mit mir sowieso nicht. Ich bin ja ein Lapplandverbrenner, *lapinpolttaja.*

Das weiß man inzwischen. Ich hatte aus Versehen etwas gefragt, zwar auf Englisch, aber mit deutlichem Akzent, und ein geflüstertes »*saksalainen*« machte daraufhin die Runde. Deutscher bin ich also. Ab nun beobachtet man mich teils freundlich, teils hämisch, obwohl ich doch sehr professionell und fast finnisch wirken müsste mit meiner neuen Saunamütze.

Die Aufgüsse machen nun all die Jannes, Rikus und Mattis nicht mehr mit der gewöhnlichen Kelle. Die nehmen sie nun aus dem Bottich heraus. Sie reden, und es muss irgendeinen Bezug zu mir haben. Später übersetze ich mir das mit: »So lässt man dem Deutschen die Luft raus!« Ich sitze oben, und sie gießen ab jetzt den ganzen Bottich auf die heißen Steine. Vorher hatte ich kaum etwas gesehen, weil alles so dunkel und herrlich zugerußt war, nun sehe ich gar nichts mehr durch die Schwaden, die Hitze und meinen Schweiß. Von der Stirn fällt ein Wasserfall vor meinen Augen nieder. Ich bin kurz davor, selbst eine Touristenattraktion zu werden.

Schon wieder steht einer der Männer auf, greift den gefüllten Wassereimer, blinzelt den Finnen rundum zu, fixiert mich und kippt erneut den Eimerinhalt komplett auf die heißen Steine. Ich spüre, wie mich die Hitze drückend umhüllt. Aber ich werde nicht weichen. Ich geh hier nicht raus! Die Finnen schauen mich an, und ich starre zurück. Da muss ich jetzt durch. Meine Saunamütze hilft, die Gluthitze zu ertragen. Die Ersten nicken mir freundlich zu, weil ich standhalte. Und es wird sich doppelt lohnen, denn Sauna ist »Gesundheitsvorsorge und Seelenfutter« zugleich.

Ein finnisches Sprichwort sagt: »Wenn Schnaps, Teer und Sauna nicht helfen, dann ist die Krankheit tödlich.«

Sommersauna

»Du gehst im Juni in die Sauna? Wieso das denn? Es ist *Sommer!*«, sagt mein Gegenüber und spannt den Regenschirm auf, damit das Grillfleisch nicht nass wird. Sehr sommerlich ist es heute nicht. Und gestern Abend war's auch nur so mittel. In der Sauna war's dafür ganz angenehm.

Aber es gibt Dinge, die macht man in Deutschland nur im Winter: Schlitten fahren. Kekse backen, Glühwein trinken auf dem Weihnachtsmarkt, bis einem schlecht wird. Und es gibt Dinge, die macht man nur im Sommer: planschen am Baggerloch, grillen, Eis essen, bis einem schlecht wird. All das regelt das Jahreszeitenanwendungsgesetzbuch (JazAnGB) der Bundesrepublik Deutschland.

Aber Moment! Schon beim Eisessen wird das Eis dünn. Darf man im Winter Eis essen? Meine fünfjährige Nichte würde schon angesichts dieser Frage sagen: »Hä, wieso denn nicht?« Und die Hersteller von allerlei adventlichen Dessertschlemmereien wie Spekulatius-Schlehe-Zimt-Sorbet oder Myrrhe-gebrannte-Mandel oder Grinch-Eis (das weihnachtliche Pendant zum Schlumpf-Eis) würden ebenfalls sagen: »Hä, wieso denn nicht?« Ein Blick ins Jahreszeitenanwendungsgesetzbuch offenbart: Die Verabreichung von Kugeleis in Waffeln ist im Winter gesetzlich untersagt. Deswegen schließen viele italienische Eisdielen im späten Herbst und stellen im Schaufenster Kinderwagen oder Brautmode aus.

Die Sauna bleibt im Sommer indes offen, vielleicht aber auch nur, weil niemand hier ausgestellte Brautmode zu Gesicht bekäme.

Die Sauna ist im bürgerlichen Verhaltenskodex ein ungeregelter, um nicht zu sagen umstrittener Bereich. Es gibt Menschen, die würden den Saunabesuch glatt zum Lumumba-Schlürfen auf dem Christkindlmarkt sortieren, weil sie der festen Überzeugung sind, man sollte es mit der Sauna halten wie mit Muscheln: sie nur in Monaten mit R genießen! Die anderen glauben (zum Beispiel ich): Man kann Saunen ganzjährig besuchen und Muscheln ganzjährig nicht essen.

Die Trennlinie verläuft zwischen den *wahren* Saunafans und den *Saisonalen*, wie man zu Recht auf sie herabschaut. Das ist übrigens dieselbe Trennlinie wie beim Fahrradfahren. Da gibt's auch die Fraktion der Pseudos, die meinen, dass bei einem Fahrrad unter 10 Grad Celsius Außentemperatur der Treibstoff verklumpt.

»Wie, du fährst im Winter Fahrrad? Das ist mir zu kalt.« – »Och, gibt ja Handschuhe und Mütze.« – »Nee, Fahrrad ist für Sommer!« Verkündet wie ein Urteil nach Jahreszeitenanwendungsgesetzbuch: Der des saisonal unbotmäßigen Radfahrens Überführte wird zu fünf Monaten Gedränge in der U8 verurteilt. – Einspruch, euer Ehren!

Ich fahre sommers wie winters mit dem Fahrrad zur Sauna.

»Du gehst echt im Sommer in die Sauna, Volker? Nee, klar. Du sprengst ja auch den Rasen bei Regen.«

Das ist das zweite weit verbreitete Vorurteil: Es gibt Menschen, die meinen, im Sommer in die Sauna gehe man nur auf den Schienen der Gewohnheit. Weil die Jahreskarte ja abgearbeitet werden muss! Freitags Sauna, samstags Sex und vorher um 16 Uhr Auto waschen vor der Garage! Notfalls bei Starkregen mit Hagelabwurf und Tornado. »Wenn das Staubsaugerkabel bis zur Garage reicht, ist es mir doch egal, ob mein SUV beim Kofferraumaussaugen gerade um das zweite Geschoss herumwirbelt.« – Ist der sommerliche Saunabesuch also nichts anderes als eine Dressurnummer des Gewohnheitstiers? Bei einigen mag das sogar zutreffen.

»Aber Volker, wieso? Im Sommer *ist* es doch schon warm.«

Richtig. Und aus dem Grunde fliegt auch kein Deutscher im Sommer in den Süden.

Wer meint, dass es beim Saunieren ums Aufwärmen geht, denkt auch, dass es beim Schwimmen ums Nasswerden geht. Aber man geht schwimmen, weil es einem körperlich und mental guttut. Aus keinem anderen Grunde gehe ich in die Sauna. So paradox es ist: Wenn meine Gedanken rasen, gehe ich in die Sauna, um mich abzukühlen. Mein Kopf schaltet da ein paar Gänge runter, das ist gut. Okay, vielleicht könnte ich meine Rübe ebenso gut eine Viertelstunde in den Backofen stecken, mag sein, aber ich find Sauna da angenehmer. Und das funktioniert völlig jahreszeitenunabhängig.

Zugegeben, in brütender Sommerhitze gehe ich auch nicht hin; nicht an Tagen, wo man in die finnische Sauna zum Abkühlen ginge. Aber so dramatisch ist der Klimawandel dann doch (noch) nicht, dass der mitteleuropäische Sommer nicht allerlei trübe, kühle, verregnete oder meteorologisch unentschlossene Tage bereithielte. Oder richtiges Drecksmwetter.

Und es hat einfach was, bei einem zünftigen Starkregenereignis mit Hagelabwurf in einer muckeligen Panoramasauna zu sitzen und dabei zuzuschauen, wie der Nachbar in seinem SUV um sein Einfamilienhaus herumwirbelt, nur gehalten vom Staubsaugerkabel.

Genauso angenehm ist es bei gutem Wetter. Man friert viel weniger schnell im Saunagarten! Man kann sich viel länger dort aufhalten, Zeit an der frischen Luft verbringen, kann braun werden. Kann stundenlang lesen. Und muss dabei nicht mal was anhaben. Machen Sie das mal im Stadtpark!

Na gut, könnte man einwenden: aufheizen, braun werden, lesen im Liegestuhl, sich abkühlen. All das könnte man ebenso gut an einem FFK-Strand an der französischen Atlantikküste. Doch ich wage zu behaupten: Für die allermeisten Menschen hierzulande ist die nächste Sauna einfacher erreichbar als der nächste FKK-Strand an der französischen Atlantikküste.

Aber der angenehmste Vorteil des sommerlichen Saunierens ist: Platz! Überall ist Platz! Insofern will ich gar nicht zu viel für den sommerlichen Saunabesuch werben, denn nichts ist schöner, als dass alle anderen nicht da sind! Und solange man selbst nicht zu den anderen zählt, darf das auch gern so bleiben. Schlimm genug, dass sie im Winter alle wiederkommen. Wir *wahren* Saunafans halten ihnen solange die Plätze warm.

Über den Autor und seine Saunagäste:

Volker Surmann ist Satiriker und Exil-Ostwestfale in Ostberlin. Seit 2011 führt er den Satyr Verlag. Zuvor stand er zwanzig Jahre als Kabarettist auf der Bühne und war Autor für TV-Comedy und das Kabarett »Die Stachelschweine«. Er schreibt regelmäßig satirische Beiträge für die »Wahrheit« der *taz* und *Neues Deutschland*.
Seit 2003 liest er jeden Donnerstag bei der Vorlesebühne »Brauseboys« und tritt bei Poetry Slams und Lesebühnen in ganz Deutschland auf.
Er veröffentlichte bisher drei Romane, zuletzt »Mami, warum sind hier nur Männer?« bei Goldmann. Zwei Kurzgeschichtensammlungen erschienen bei Satyr. Dort gab er auch zahlreiche Anthologien (mit) heraus. Im Frühjahr 2024 wird sein erstes Jugendbuch im Verlag Mixtvision erscheinen.

Bernd Gieseking (Jahrgang 1958) ist Kabarettist, Autor und Ostwestfale und lebt inzwischen wieder in Minden. Er schreibt Bücher und Hörspiele für Erwachsene und Kinder, 2019 wurde er mit dem Peter-Hille-Literaturpreis ausgezeichnet. Seine Veröffentlichungen über Finnland: »Finne dich selbst« (Fischer Verlag: 2012), »Das kuriose Finnland-Buch« (Fischer Verlag: 2014), »Finne dein Glück!« (Fischer Verlag: 2021).

Hauck & Bauer sind Elias Hauck (Zeichnungen) und Dominik Bauer (Text), beide Jahrgang 1978. Sie leben in Berlin (Hauck) und Frankfurt a. M. (Bauer) und veröffentlichen in der *Frankfurter Allgemeinen Sonntagszeitung* (»Am Rande der Gesellschaft«), der *Apotheken Umschau* und in der *Titanic*. 2018 wurden sie beim Deutschen Karikaturenpreis mit dem Sonderpreis der Jury ausgezeichnet. Ihre Bücher erscheinen im Verlag Antje Kunstmann, zuletzt »Cartoons« (2021).

Karsten Lampe ist Cartoonist, Grafiker und Autor. 2016 Berlin-Brandenburg-Meister im Poetry Slam. Zwei Buchveröffentlichungen, zuletzt »Erkläranlage« (Satyr: 2016). Er ist Mitglied der Lesebühne »Couchpoetos«. Seine Cartoons erscheinen auf Instagram: *sundwunds*.

Piero Masztalerz ist mehrfach ausgezeichneter Cartoonist, lebt in Hamburg, und wenn er nicht zeichnet, tourt er mit seiner Cartoon-Comedy-Show durch Deutschland. Termine, Bücher und weitere Infos unter www.schoenescheisse.de.

Christian Ritter (Jahrgang 1983) lebt als freischaffender Autor in Berlin und ist als ständiger Vorleser seiner eigenen Geschichten viel im deutschsprachigen Raum unterwegs. Er veranstaltet und moderiert Poetry Slams sowie andere Literaturveranstaltungen und ist Teil der Berliner Lesebühne »Zentralkomitee Deluxe«. Ritter war bayerischer Meister und deutschsprachiger Vizemeister im Poetry Slam und hat zwei Romane und sieben Kurzgeschichtensammlungen veröffentlicht (zuletzt »Hoffentlich regnet es zu Hause. Wenn Deutsche Urlaub machen«, Satyr: 2022).

Dagmar Schönleber ist Kabarettistin, Autorin und Liedermacherin. Nicht von Geburt an, aber von Herzen. In Ostwestfalen-Lippe aufgewachsen, dann im Auftrag der Völkerverständigung ins Rheinland emigriert, bespielt sie seit 2002 Bühnen und Ähnliches im gesamten deutschsprachigen Raum und veröffentlichte zwei Kurzgeschichtenbände, den Roman »Vierzig Fieber« (Satyr: 2014) und fünf Soloprogramme. 2018 gründete sie mit Carmela de Feo und Patrizia Moresco das jährlich stattfindende Frauen-Benefiz-Event »Sisters of Comedy«. 2022 erschienen ihre Musikplatte »Dagmar und der Organismus« sowie ihr neues Kabarettsolo »Die Fels*in der Brandung«.

©**Tom** (Jahrgang 1960), geboren und aufgewachsen in den unendlichen Weiten des Südwestens, lebt heute als »Witzbildchenzeichner« in Berlin und zeichnet seit 1991 den täglichen Streifen »Touché« in der *taz*.

Ella Carina Werner wuchs als Tochter eines Psychologen und einer Bauchtänzerin auf. Bis 2021 war sie Redakteurin des Satiremagazins *Titanic* und schreibt dort seither die Kolumne »Rosen in Beton«. Sie veröffentlicht Satiren u. a. in der *taz*, dem *Missy Magazine* und der *Frankfurter Rundschau*. Außerdem ist sie Mitglied der Lesebühne »Liebe für alle« in St. Pauli. 2020 erschien ihr gefeierter Geschichtenband »Der Untergang des Abendkleides« im Satyr Verlag, über den *Spiegel Online* schrieb: »Wie Kafka nach einem guten Joint.«

Miriam Wurster verbrachte ihre Kindheit in einem Dorf auf der Ostalb. Später kam sie in die Großstadt Bremen und wurde Cartoonistin. Die Cartoons denkt sie sich standesgemäß in einer ehemaligen Kartonagenfabrik aus, u. a. für *Titanic*, *Neues deutschland*, *Charlie Hebdo*, *taz* und *Weser-Kurier*. www.wurster-cartoon-blog.de